INTERPRETATIONSHILFE FRANZÖSISCH · DEUTSCH

Albert Camus

L'Etranger · Der Fremde

Interpretiert von Wolfhard Keiser

STARK

Bildnachweis
Umschlagbild: © Zefa
Seite 10, 43, 61: Ausschnitte aus der Visconti-Verfilmung von *L'étranger* (1967) mit Marcello Mastroianni und Anna Karina © Cinetext Bild- und Text-Archiv
Seite 22: Fonds Albert Camus/Bibliothèque Méjanes
Seite 29, 52: www.possi.de
Seite 33: Lebesque, Morvan: Camus, Rowohlt 1960, S. 91

Wir danken allen Rechtinhabern für die Abdruckerlaubnis. Der Verlag hat sich bemüht, die Urheber aller abgedruckten Bilder ausfindig zu machen. Wo dies nicht gelungen ist, bitten wir diese, sich ggf. an den Verlag zu wenden.

ISBN 978-3-89449-542-8

aktualisierte/neu bearbeitete Auflage
www.stark-verlag.de
1. Auflage 2001

Inhalt

Autor: Dr. Wolfhard Keiser

Vorwort

Liebe Schülerin, lieber Schüler,

mit dieser Interpretationshilfe zu Camus' *L'Etranger – Der Fremde* wird Ihnen die Möglichkeit gegeben, sich gezielt auf den Unterricht, auf Klausuren und das Abitur vorzubereiten.

Der **biografische Hintergrund** weist u. a. auf einige Gemeinsamkeiten zwischen Camus und Meursault, dem Helden des Romans, hin. Die **Inhaltsangabe**, ergänzt durch eine Kapitelübersicht, hilft Ihnen bei der Orientierung über den Handlungsablauf und bei der Überprüfung Ihrer Leseeindrücke.

Das Kapitel **Textanalyse und Interpretation** arbeitet Struktur und Textaufbau des Romans heraus, charakterisiert den Helden Meursault und erklärt im Abschnitt **Motive und zentrale Aspekte**, was der absurde Mensch im Camus'schen Sinne ist und welche Rolle der Tod in diesem Zusammenhang spielt.

Wie Camus „Sprache" einsetzt, um die innere Entwicklung des Romanhelden zu verdeutlichen, wird im Abschnitt **Sprache und Stil** gezeigt. Die ausgewählten Schlüsselszenen bedeuten für den Helden Meursault entscheidende Augenblicke im Rahmen seiner persönlichen Entwicklung. Bei dem kurzen Überblick über die Rezeptionsgeschichte liegt der Schwerpunkt auf der Verfilmung des Romans.

Ich hoffe, dass Ihnen diese Interpretationshilfe die Lektüre des Werks erleichtert und Sie dazu bewegt, sich weiterhin mit einem der herausragenden Schriftsteller des 20. Jahrhunderts zu beschäftigen – auch über die schulische Lektüre hinaus.

Dr. Wolfhard Keiser

Einleitung

Meursault, der Held des Romans *L'Etranger – Der Fremde* spiegelt ein **Grundgefühl des modernen Menschen** wider, das sich in der französischen Literatur des 20. Jahrhunderts in vergleichbarer Form auch in den Werken von Anouilh, Beckett, Giraudoux, Ionesco und Sartre findet. Angesichts der Infragestellung überkommener religiöser Werte und angesichts der Aufgabe traditioneller Formen menschlichen Zusammenlebens innerhalb der Familie sieht sich der Einzelne vor die Notwendigkeit gestellt, sein Leben aus eigener Kraft zu gestalten.

Meursault lebt in völliger Bindungslosigkeit. Er folgt im ersten Teil des Romans lediglich seinen momentanen Neigungen. Normen und Erwartungen der Gesellschaft scheinen ihn nicht zu interessieren, die Frage nach dem tieferen **Sinn des Lebens** vor dem Hintergrund des **unvermeidlichen Todes**, der gleich zu Beginn des Romans mit dem Tod seiner Mutter in sein Leben eintritt, verdrängt er. Seinen Bekannten Raymond unterstützt er bei der Planung einer moralisch verwerflichen Tat, er schaut weg beim Anblick einer offensichtlichen Brutalität, ohne an die Konsequenzen eines derartigen Verhaltens zu denken, ohne zu sehen, dass nur die Achtung der Menschenwürde des Anderen Garant für den Bestand unserer Gesellschaft ist. Die Lektüre des ersten Teils des Romans, und darin liegt seine Bedeutung insbesondere auch für junge Leser, zwingt zu persönlicher Stellungnahme, da Meursaults Haltung, charakterisiert durch völlige Indifferenz, auf jeden von uns irritierend wirkt: «Rien, rien n'avait d'importance et je savais bien pourquoi.» (S. 183) – „Nichts, nichts wäre von Bedeutung, und ich wüsste genau, warum nicht.“ (S. 141)

Ist es wirklich gleichgültig, was wir im Leben tun, da ja unserer Existenz durch den Tod ein Ende gesetzt wird? Ist die Annahme richtig, dass wir für unsere Entscheidungen niemandem gegenüber verantwortlich sind? – Das sind die Fragen, die sich jeder von uns stellen muss.

Wie dieser Meursault, der es gewohnt war, in totaler Ungebundenheit zu leben, seine Gefangenschaft innerlich meistert, findet unsere Bewunderung. Seine absolute Ehrlichkeit gegenüber sich selbst unterscheidet ihn wohltuend von den berechnend wirkenden Vertretern der so genannten guten Gesellschaft. Sein Hoffen und Bangen nach der Verkündigung seines Todesurteils berührt uns innerlich, weckt Verständnis und Mitleid.

Meursaults distanzierte Haltung zu gesellschaftlichen Konventionen, seine Aufrichtigkeit in Bezug auf seine eigene Person, seine Gefühle, seine Spontaneität und die bewusste Annahme seines Todes sprechen jeden jungen Leser an. Seine Überzeugung, dass der **Wert seines Lebens** in seiner **Einmaligkeit** und **Unwiederholbarkeit** liegt, dass allein daraus die Sinngebung für menschliches Leben erwächst, erfordert die **persönliche kritische Stellungnahme** eines jeden Lesers.

Der Titel des Romans spiegelt bis zu einem gewissen Grade Meursaults Stellung in der Gesellschaft wider. Allen allgemein akzeptierten gesellschaftlichen Gepflogenheiten und Konventionen steht er fremd gegenüber, ebenso wie den Menschen seiner Umgebung sein Benehmen oft unverständlich ist.

Meursault selbst fühlt sich fremd in einem Umfeld, das von seinem normalen Lebensrahmen abweicht, was sich z. B. in seinem Gespräch mit dem Gefängnisdirektor oder während der Gerichtsverhandlung zeigt.

Besonders im 1. Teil des Romans findet auch der Leser seine Verhaltensweisen befremdlich und nicht nachvollziehbar, so z. B. in seiner Beziehung zu Marie oder seinem Nachbarn Raymond.

Biografischer Hintergrund

Albert Camus, am 7. November 1913 auf einem Bauernhof in Saint-Paul, acht Kilometer von Mondovi, einem kleinen Städtchen nahe der tunesischen Grenze, geboren, entstammte einer Familie sehr armer Algerienfranzosen. Seine Vorfahren gehörten zur ersten Einwanderungswelle, die bereits 1830, nach der Inbesitznahme Algeriens durch Frankreich, in das Land kamen. Sie waren kleine Angestellte, einfache Arbeiter und Handwerker, die in keiner Weise am luxuriösen Lebensstil der französischen Großgrundbesitzer und Kaufleute teilhatten. Sein Vater, Lucien Auguste Camus, war als Halbwaise bei der Familie Sintès aufgewachsen – der Name Raymond Sintès im *L'Étranger* erinnert an sie – deren Tochter Catherine Sintès er 1909 heiratete. Als Soldat in einem Zuavenregiment – die Zuaven, ein Berberstamm, galten als besonders tapfer – fiel er bereits 1914 während der Marneschlacht. Wie Meursault hat also Albert Camus seinen Vater nicht wirklich kennen gelernt. Catherine Camus, Alberts Mutter, war von der Todesnachricht zutiefst getroffen und nicht mehr in der Lage, Gedanken in verständlicher, fließender Sprache zu äußern. Ebenso wie Meursault hing auch Camus an seiner Mutter.

Camus wuchs in ärmlichen Verhältnissen auf, in der Rue de Lyon im Stadtteil Belcourt, einem Arbeiterviertel in Algier, dem Umfeld, in dem sich Meursault bewegt.

Durch die Unterstützung seines Grundschullehrers Louis Germain konnte Camus das Gymnasium besuchen. Schon als Gymnasiast schrieb er kleine Aufsätze für die Kulturzeitschrift *Sud,* erste Fingerübungen für seine spätere schriftstellerische Tätigkeit.

Bei dem erst 17-jährigen Camus wurde eine Tuberkulose festgestellt; diese Krankheit brach immer wieder aus und stellte eine ständige Bedrohung seines Lebens dar.

1933 begann er mit dem Philosophiestudium, das er mit einer Diplomarbeit über das Verhältnis von Hellenismus und Christentum 1936 erfolgreich abschloss. 1935 wird er Mitglied der Kommunistischen Partei Algeriens, bereits nach einigen Jahren jedoch erfolgt sein Ausschluss. Seine 1934 mit Simone Hié geschlossene Ehe wurde nach zwei Jahren geschieden.

Nachdem er 1936 das *Théâtre du Travail,* das spätere *Théâtre de l'Equipe,* gegründet hatte, wird Camus 1937 Journalist beim *Alger Républicain,* u. a. als Gerichtsreporter. Die größte Resonanz fand seine kritische Artikelserie «Misère de la Kabylie» – „Elend in der Kabylei", in der er nach einer Reise durch dieses Elendsgebiet die französische Kolonialherrschaft massiv angriff, sicherlich auch ein Grund für das Verbot der Zeitung im Jahre 1940. In diese Zeit fällt auch die Veröffentlichung literarischer Essays mit dem Titel *L'Envers et l'Endroit – Licht und Schatten.* Es begegnen uns menschliche Schicksale, Freude und Leid, woran Betrachtungen des Ich-Sprechers anknüpfen, das Ganze eingebettet in die landschaftliche Schönheit Algeriens.

Bei Kriegsausbruch 1939 meldet sich Camus als Kriegsfreiwilliger, ist jedoch wegen seiner Tuberkulose nicht kriegstauglich. Innerlich verabscheute er den Krieg: „Die Herrschaft der Tiere ist angebrochen", schreibt er in seinem Tagebuch.

Er verlässt Algier 1940 nach einem Berufsverbot und geht nach Paris, wo er für den *Paris-Soir* arbeitet. Dieses viel gelesene Abendblatt passt sich nach der Niederlage Frankreichs der neuen politischen Situation an. Als Camus Ende 1940 gekündigt wird, fühlt er sich innerlich befreit. Mit Francine Faure, die er am 3. Dezember 1940 geheiratet hatte, kehrt er nach Algerien zurück, und zwar nach Oran, der Heimat seiner Frau – ihre Kinder, die Zwillinge Jean und Catherine, werden 1945 geboren.

1941 war für Camus ein Jahr fruchtbarer schriftstellerischer Tätigkeit, so dass 1942 mit dem Roman *L'Étranger – Der Fremde* und dem *Mythe de Sisyphe – Der Mythos von Sisyphos* zwei seiner bekanntesten Werke erschienen. Camus schaltete sich in den Kampf gegen die deutsche Besatzungsmacht ein: Er war Mitarbeiter am *Combat,* dem Kampfblatt der Résistance. In der ersten freien Ausgabe der Zeitung vom 21. August 1944 erschien der Leitartikel des Chefredakteurs Camus: „Nach 50 Monaten Besetzung, Kampf und Opfer entsteht in Paris wieder das Gefühl für Freiheit."

In diese Zeit fallen auch die *Lettres à un ami allemand – Briefe an einen deutschen Freund,* in denen er die Menschenverachtung von Nazi-Deutschland anprangert.

1944 fand die Uraufführung des Dramas *Le Malentendu – Das Missverständnis* statt, 1945 wurde *Caligula* aufgeführt. Im Dezember 1946 hielt Camus vor den Dominikanern des Klosters Latour-Maubourg bei Paris einen viel beachteten Vortrag: Der Atheist Camus ruft die Christen zum gemeinsamen Kampf gegen das Elend in der Welt auf:

> *Nous ne pouvons pas empêcher peut-être que cette création soit celle où des enfants soient torturés. Mais nous pouvons diminuer le nombre des enfants torturés. Et si vous ne nous y aidez pas, qui donc dans le monde pourra nous y aider? – Wir können es vielleicht nicht verhindern, dass diese Schöpfung eine Welt ist, in der Kinder gemartert werden. Aber wir können die*

Zahl der gemarterten Kinder verringern. Und wenn Sie uns dabei nicht helfen, wer soll uns dann helfen?

Dem im Jahre 1947 veröffentlichten Roman *La Peste – Die Pest* war ein großer Erfolg beschieden. Die Verleihung des *Prix des critiques* sicherte dem Werk ein breites Publikumsinteresse. 1950 erschien das Drama *Les Justes – Die Gerechten,* 1951 der Essay *L'Homme révolté – Der Mensch in der Revolte,* in dem sich Camus gegen alle doktrinären Ideologien wandte und sich sehr kritisch mit dem Marxismus-Leninismus auseinandersetzte. Als Folge davon kam es 1952 zum Bruch mit Sartre, mit dem er über viele Jahre befreundet gewesen war. Camus bezog Stellung gegen das brutale Vorgehen des Sowjetregimes: 1953, beim Aufstand in der DDR und 1956 während des Ungarnaufstands.

Der Ausbruch des Algerienkriegs stürzte den Algerienfranzosen Camus in ein Dilemma. Er wollte nicht wahrhaben, dass die *Front de Libération Nationale (FLN),* die „Nationale Befreiungsfront", sich die politische Unabhängigkeit Algeriens zum Ziel gesetzt hatte und dass eine Konföderation zwischen Frankreich und Algerien, wie sie ihm vorschwebte, nicht möglich war.

1956 erschien Camus' letzter Roman *La Chute – Der Fall.* 1957 wurde ihm der Nobelpreis für Literatur verliehen.

Seine Arbeit am Werk *Le Premier Homme – Der erste Mensch* wurde jäh durch seinen Unfalltod am 4. Januar 1960 unterbrochen.

Wie ein roter Faden zieht sich durch Camus' gesamtes Werk die Auseinandersetzung mit dem Tod, im *L'Etranger* und in *La Chute* als Einzelschicksal, in *La Peste* und *Les Justes* als gemeinsamer Kampf gegen ein Schicksal, das die „Menschen guten Willens" zu besiegen droht.

Camus liebte das Leben, er liebte den Menschen, für den das Leben trotz der Gewissheit des Todes seinen Sinn im Diesseits hat. Meursault, der Held des *L'Etranger,* bejaht sein Leben, wissend um seine Unwiederholbarkeit. Dr. Rieux, der Protagonist des Romans *La Peste,* kämpft in der Gemeinschaft mit den anderen gegen die todbringende Krankheit. Seine Aussage „dass es an den Menschen mehr zu bewundern als zu verachten gibt"[1] entspricht Camus' Überzeugung.

Unterschrift von Albert Camus

Inhaltsangabe

Teil I, Kapitel 1

Aus dem Altenheim in Marengo in der Nähe Algiers, in dem seine Mutter die letzten Lebensjahre verbrachte, erhält Meursault, der Held des Romans, die Nachricht von ihrem Tod. Er bittet seinen Arbeitgeber um zwei Tage Urlaub und erreicht nach mehrstündiger ermüdender Autobusfahrt Marengo.

Seinem Wunsch, seine Mutter sofort zu sehen, kommt man nicht nach, da bestehende Vorschriften des Altenheims einen anderen Ablauf bei einem Todesfall vorsehen. Zunächst wird Meursault zum Direktor des Heims geführt. Nach einem Gespräch, u. a. über Meursaults Mutter, vermutet der Heimleiter, dass Meursault seine Mutter noch einmal sehen möchte. Meursault äußert sich nicht dazu. Der Direktor begleitet ihn bis zur Leichenhalle. Den Vorschlag des dort anwesenden Pförtners, den Sarg zu öffnen, lehnt Meursault ab.

Während der langen Totenwache erzählt der Pförtner aus seinem Leben. Meursault empfindet seine Gegenwart als angenehm, so dass sich zwischen beiden ein fast schon vertrauliches Verhältnis entwickelt. Meursault bietet ihm eine Zigarette an – beide rauchen am Sarg der Mutter. Im Laufe der Nacht kommen die Freunde und Freundinnen der Verstorbenen, um von ihr Abschied zu nehmen.

Am darauf folgenden Morgen erledigt Meursault in Anwesenheit des Heimleiters die letzten Formalitäten: die Frage, ob er seine Mutter zum letzten Mal sehen möchte, verneint er. Der Beerdigungszug zur Dorfkirche von Marengo – die Mutter hatte ein christliches Begräbnis gewünscht – besteht neben vier Sargträgern aus dem Pfarrer, dem Heimleiter, Meursault, einer Krankenpflegerin und M. Perez, einem engen Vertrauten der Mutter. Auf dem Weg zur Kirche empfindet Meursault die sengende Sonne als unerträglich, so dass er froh ist, nach Beendigung der Beerdigungszeremonie nach Algier zurückkehren zu können.

Teil I, Kapitel 2

Hier wird Meursaults Wiedersehen mit Marie Cardona, einer ehemaligen Arbeitskollegin, geschildert. Sie verbringen in gelöster Stimmung einige Stunden am Meer und tauschen flüchtige Zärtlichkeiten aus. Beim Wiederankleiden zeigt sich Marie überrascht, ihn mit einem schwarzen Schlips zu sehen. Sein Hinweis auf die Beerdigung seiner Mutter am Vortag lässt sie zusammenzucken.

Filmausschnitt *L'étranger* (1967): Meursault und Marie am Meer

Nach einem gemeinsamen Kinobesuch bleibt Marie über Nacht bei ihm. Am Morgen verlässt sie ihn, während Meursault noch einige Stunden rauchend im Bett verbringt, eine Kleinigkeit isst und danach stundenlang vom Balkon aus das Geschehen auf der Straße beobachtet.

Teil I, Kapitel 3

Zu Beginn wird Meursaults Berufsleben kurz dargestellt, das im Wesentlichen aus der Bearbeitung von Seefrachtbriefen in einem Reedereibetrieb besteht.

Das Mittagessen nimmt er wie gewöhnlich mit seinem Arbeitskollegen Emmanuel bei Céleste ein. Nach Feierabend trifft Meursault zu Hause seinen Flurnachbarn Salamano und dessen ständigen Begleiter, einen alten Hund. Beide gezeichnet durch eine Hautkrankheit, ähneln sie sich sowohl in ihrem Äußeren als auch in ihren Bewegungen. Ein weiterer Wohnungsnachbar, Raymond Sintès, lädt Meursault zum Abendessen ein. In Meursaults Anwesenheit verbindet er sich die Hand, die er sich bei einer Schlägerei mit dem Bruder seiner Geliebten, einer Araberin, verletzt hat. Er vermutet, dass sie ihn betrügt. Da er selbst nicht dazu in der Lage ist, bittet er Meursault, einen Brief an sie zu schreiben, in dem er sie auffordert, zu ihm nach Hause zu kommen. Seine Absicht ist es, sie zu verprügeln und zu demütigen. Meursault kommt seinem Wunsch nach – Raymond betrachtet ihn nunmehr als seinen Freund.

Teil I, Kapitel 4

Am Wochenende trifft Meursault wieder mit Marie zusammen, die durch ihr verführerisches Aussehen eine starke Anziehungskraft auf ihn ausübt. Nach einigen Stunden am Strand kehren sie in seine Wohnung zurück und verbringen die Nacht zusammen. Am darauf folgenden Morgen fragt sie, ob er sie liebe. Seine Antwort, dass er für sie keine besonders tiefen Gefühle empfinde, trübt für einen Augenblick die gute Stimmung.

Wenig später hören sie, wie Raymond seine arabische Freundin anbrüllt und schlägt. Ein von den Nachbarn herbeigerufener Polizist bestellt Raymond für den nächsten Tag aufs Polizeirevier, um dort ein genaues Protokoll der Vorgänge aufzunehmen.

Nach einem gemeinsamen Frühstück verabschiedet sich Marie. Meursault zeigt sich im kurz darauf folgenden Gespräch mit Raymond einverstanden, bei der Polizei für ihn auszusagen und zu bestätigen, dass er von der Araberin beleidigt worden sei. Nach einem Spaziergang treffen die beiden bei ihrer Rückkehr auf den völlig verzweifelten Salamano, dessen Hund verschwunden ist. Er fürchtet, dass die Polizei ihn aufgreifen und in ein Heim stecken wird. Auch die tröstenden Worte Raymonds und Meursaults können seinen Schmerz nicht lindern – durch die dünne Zimmerwand hört Meursault das Schluchzen des Alten. Das Weinen Salamanos weckt in Meursault Erinnerungen an seine Mutter.

Teil I, Kapitel 5

Raymond ruft Meursault an und übermittelt ihm die Einladung eines Freundes zu einem Wochenendaufenthalt in dessen Häuschen am Meer. Er informiert ihn gleichzeitig darüber, dass ihn einige Araber den ganzen Tag über verfolgen.

Kurz nach diesem Gespräch kommt es zu einer Unterredung zwischen Meursault und seinem Chef. Dieser eröffnet ihm, dass er für eine geplante Niederlassung in Paris an ihn als verantwortlichen Leiter gedacht habe. Gegenüber diesem interessanten Angebot zeigt Meursault eine den Chef erstaunende Gleichgültigkeit.

Beim abendlichen Zusammentreffen fragt ihn Marie, ob er sie heiraten wolle. Meursault betont, dass die Ehe für ihn keine besondere Bedeutung habe, dass er jedoch mit einer Eheschließung einverstanden sei, falls sie es wünsche. Sie bummeln durch das abendliche Algier, danach begibt sich Meursault zum Essen in das Restaurant seines Freundes Céleste. An seinem Tisch nimmt eine Frau mittleren Alters Platz, die durch ihre ruckartigen, roboterhaften Bewegungen seine Aufmerksamkeit fesselt.

Nach Hause zurückgekehrt, trifft er auf den alten Salamano, dessen Hund weiterhin unauffindbar ist. Es kommt zu einem Gespräch, in dessen Verlauf ihm Salamano sein ganzes Leben erzählt. Er erwähnt auch die missbilligende Reaktion der Nachbarn auf Meursaults Entscheidung, seine Mutter in ein Altenheim zu geben.

Teil I, Kapitel 6

Gemeinsam mit Raymond gehen Marie und Meursault zur Bushaltestelle, um an den Strand zum Haus der Freunde Raymonds, den Massons, zu fahren. Einer kurzen Unterhaltung kann man entnehmen, dass Meursault bei der Polizei zu Gunsten seines neuen Freundes ausgesagt hat.

Eine Gruppe Araber, unter ihnen der Bruder von Raymonds Freundin, beobachtet Raymond, Marie und Meursault.

Das Mittagessen mit den Freunden findet in sehr gelockerter Atmosphäre statt. Danach machen die drei Männer einen Spaziergang am Strand. Unterwegs treffen sie auf zwei Araber – einer davon ist der besagte Bruder der Araberin. Dieser verletzt Raymond mit einem Messer, während Masson den anderen zu Boden schlägt. Die beiden Araber ziehen sich zurück, Masson und Raymond suchen einen Arzt auf. Nach ihrer Rückkehr verlassen Raymond und Meursault nochmals das Haus. An einer Quelle treffen sie wiederum auf die zwei Araber. Glücklicherweise gelingt es Meursault, Raymond von der Benutzung seines Revolvers abzuhalten – er nimmt die Waffe an sich. Die drohende Konfrontation bleibt aus, die Araber verschwinden, Raymond und Meursault drehen ebenfalls um.

Während Raymond das Haus betritt, kehrt Meursault noch einmal zum Strand zurück. In der Nähe der Quelle trifft er auf den bewaffneten Araber, von dem er sich bedroht fühlt. Sein Gegenüber zieht ein Messer, ein tödlicher Schuss löst sich aus Meursaults Revolver. Meursault feuert noch vier weitere Schüsse auf den leblosen Körper.

Teil II, Kapitel 1

Nach seiner Inhaftierung muss Meursault in der Untersuchungshaft mehrere Verhöre über sich ergehen lassen. Ihm wird ein Pflichtverteidiger beigegeben, der versucht, eine in sich schlüssige Verteidigung aufzubauen. Meursault erkennt nicht den Ernst seiner Lage; seine ehrlichen, von taktischen Überlegungen völlig freien Antworten irritieren den Verteidiger.

Meursaults Gespräche mit dem Untersuchungsrichter entfernen sich nach kurzer Zeit von rein juristischen Fragen und bewegen sich eher im moralisch-ethischen Bereich. Meursault bekennt sich zu seinem Atheismus und lehnt Reue, die Zeichen seiner Bekehrung wäre, ab.

Teil II, Kapitel 2

Nach einigen Tagen wird Meursault in eine Einzelzelle verlegt. Marie besucht ihn; der riesige Gesprächsraum ist durch zwei Gitter dreigeteilt, der etwa zehn Meter breite mittlere Teil trennt Besucher und Häftlinge voneinander. Eine normale Unterhaltung ist somit nicht möglich. Marie erhält keinen weiteren Gesprächstermin, da sie nicht mit Meursault verheiratet ist.

Langsam gewöhnt sich Meursault an sein Gefangenendasein. Er verliert jedes Zeitgefühl, spricht mit sich selbst.

Teil II, Kapitel 3

Nach einem Jahr Untersuchungshaft findet die Gerichtsverhandlung gegen Meursault statt. Der Zuschauersaal ist voll besetzt, die Presse ist anwesend.

Die Verhandlung beginnt mit der Vernehmung Meursaults, Fragen nach seinem Verhältnis zur Mutter und einer kurzen Frage des Staatsanwalts zum Tathergang. Danach erfolgt die Anhörung der Zeugen der Anklage: des Heimleiters, des Pförtners, des alten Pérez. In ihren Aussagen weisen sie darauf hin, dass Meursault seine verstorbene Mutter nicht mehr habe sehen wollen, dass er während der Leichenwache am Sarg der Mutter geraucht und Kaffee getrunken habe, dass er außerdem während der Beerdigung nicht geweint habe und sofort danach abgereist sei.

Céleste, einer der Zeugen der Verteidigung, bemüht sich, Meursault mit seiner Aussage zu helfen. Als Nächste wird Marie vernommen, wobei der Staatsanwalt besonders hervorhebt, dass Meursault einen Tag nach der Beerdigung der Mutter mit ihr ein Verhältnis begonnen und außerdem einen Film mit dem Komiker Fernandel angesehen habe. Raymond wird nicht wirklich nach den Vorgängen am Strand befragt; die Tatsache, dass der Araber ihn mit dem Messer verletzt hatte, findet keine Erwähnung. Massons und Salamanos Aussagen werden kaum zur Kenntnis genommen. Der Staatsanwalt klagt Meursault an, seine Mutter mit dem „Herzen eines Verbrechers" begraben zu haben – die Tötung des Arabers tritt im Prozess immer mehr in den Hintergrund.

Teil II, Kapitel 4

Im Mittelpunkt des zweiten Prozesstages stehen die Plädoyers des Staatsanwalts sowie des Verteidigers. Der Staatsanwalt betont, dass Meursault die Tat vorsätzlich begangen habe. Sehr ausführlich spricht er nochmals Meursaults Verhalten bei der Beerdigung an, hebt hervor, dass der Angeklagte indirekt auch für die Tat eines Vatermörders verantwortlich sei, dessen Fall von dem Gericht am darauf folgenden Tag verhandelt werden würde. Auch der Verteidiger geht nur kurz auf die Tat selbst ein, plädiert auf Notwehr. Er zeichnet ein sehr positives Bild des Angeklagten, betont seine jahrelange Fürsorge für seine Mutter und unterstreicht sein Pflichtbewusstsein im Beruf. Die Geschworenen ziehen sich zur Beratung zurück; das Urteil lautet „schuldig", Meursault wird zum „Tode durch die Guillotine" verurteilt.

Teil II, Kapitel 5

Nach seiner Verurteilung lebt Meursault zwischen Hoffen und Bangen, stellt sich Fluchtmöglichkeiten vor, muss aber immer wieder erkennen, dass es kein Entkommen vor der Guillotine gibt. Er stellt ein Gnadengesuch, seine Gedanken kreisen um die Annahme bzw. Ablehnung desselben.

Nachdem er mehrfach den Besuch des Gefängnisgeistlichen abgelehnt hat, kommt es am Schluss des Romans zu einem Gespräch zwischen beiden. Nach einem leidenschaftlichen Gefühlsausbruch (vgl. frz. Text S. 182 f., dt. Text S. 140 f.) gelangt Meursault zur inneren Akzeptanz seines Todes.

Kapitelübersicht

Nr.	Inhalt	zeitliche Abfolge
I, 1	• Nachricht vom Tod der Mutter, Ankunft in Marengo • Trauerzug zur Kirche, Beerdigung	1. Tag, Donnerstag 2. Tag, Freitag
I, 2	• Wiedersehen mit Marie • Meursaults Sonntagsvergnügen	3. Tag, Samstag 4. Tag, Sonntag
I, 3	• Meursaults Flurnachbarn Salamano und Raymond Sintès	5. Tag, Montag
I, 4	• Wochenende mit Marie • Auseinandersetzung Raymonds mit seiner Freundin • Salamanos Kummer	11. Tag, Sonntag
I, 5	• Raymonds Einladung zu einem Wochenende am Meer • Treffen mit Marie • Gespräch mit Salamano	ein Tag während der folgenden Woche
I, 6	• im Wochenendhaus der Massons • Tötung des Arabers	18. Tag, Sonntag
II, 1	• Verhör durch den Untersuchungsrichter	keine Zeitangabe
II, 2	• Meursaults Gefängnisleben	11-monatige Untersuchungshaft
II, 3	• erster Prozesstag – Anhörung der Zeugen	ein Junitag
II, 4	• zweiter Prozesstag – Plädoyer der Staatsanwaltschaft, Meursaults Verurteilung	ein Junitag
II, 5	• Meursaults Gefühle nach der Verurteilung • Besuch des Gefängnisgeistlichen	keine Zeitangabe

Textanalyse und Interpretation

1 Struktur und Textaufbau

Der Aufbau des Romans zeigt eine **Zweiteilung**, zwangsläufig gegeben durch die Tatsache, dass das alltägliche Leben des Büroangestellten Meursault grundverschieden von dem des Gefangenen Meursault ist. Die inhaltliche Verbindung wird dadurch hergestellt, dass Geschehnisse des ersten Teils im zweiten Teil wieder aufgenommen und nunmehr aus der Sicht des Staatsanwalts analysiert werden. Der «parallélisme des deux parties» – „der parallele Aufbau der zwei Teile“[2], auf den Camus in seinem Tagebuch hinweist, zeigt sich nicht nur in diesem Punkt: am Ende beider Teile steht der Tod eines Menschen, die jeweiligen Schlusskapitel zeichnen sich außerdem durch ihre ausgefeilte sprachliche Form aus. Aufgrund ihrer inhaltlichen und sprachlichen Eindringlichkeit bewirken sie eine besonders intensive Identifikation des Lesers mit dem Romanhelden, geben uns Einblick in seine Gefühlswelt und wecken unser Verständnis für ihn.

Die im **ersten Teil** anzutreffende Wiedergabe zahlreicher **unverbundener Ereignisse und Eindrücke** könnte zu dem falschen Schluss führen, dass dem Roman die innere Kohärenz, der gedankliche Zusammenhang, fehlt. Die **Einheit in der Vielheit** wird jedoch **durch das Thema des Todes** hergestellt, das als roter Faden den gesamten Roman durchzieht. Dreimal wird Meursault mit dem Tod konfrontiert: zu Beginn, in der Mitte und am Ende des Romans. Bei der Beerdigung seiner Mutter versucht er sich vor der Wahrheit zu verschließen, dass der Tod unausweichlich ist. Sichtbar wird dieser Versuch bei seiner Beschreibung der alten Leute, die an der Schwelle zum

Tod stehen. Die ganze Szene ist in grelles Licht getaucht, aber dieses „Licht der Erkenntnis“ schmerzt (frz. Text S. 18, dt. Text S. 14). Meursault empfindet die Alten in ihrer Gebrechlichkeit als unangenehm – er versucht die Augen vor dem zu verschließen, was auch sein Schicksal in einigen Jahrzehnten sein wird.

Die **Erschießung** des Arabers hat eine **Scharnierfunktion** hinsichtlich des Romanaufbaus: Sie ist der **Beginn der Reflexion über** das unausweichliche menschliche Schicksal, **den Tod**: «... c'est là, dans le bruit sec et assourdissant que tout a commencé.» (S. 95) – „... und da, in dem zugleich harten und betäubenden Knall, hat alles angefangen.“ (S. 73) Meursault hatte in einem Zustand naturhafter Vorbewusstheit gelebt, oder, wie er es selbst ausdrückt: «J'ai répondu ... que j'avais un peu perdu l'habitude de m'interroger» (S. 102) – „Ich habe ... geantwortet, ich hätte es mir ein bisschen abgewöhnt, mich selbst zu befragen.“ (S. 79)

Erst mit den tödlichen Schüssen erkennt Meursault, dass sein sorgloses, nur der Gegenwart zugewandtes Leben endgültig vorbei ist. Diese Schüsse sind ein Schlussstrich unter sein bisheriges Leben. Ebenso wie die durch die Inhaftierung erzwungene Trennung von Marie bezeichnen sie die Loslösung Meursaults aus einer Welt, in der es für ihn keine Infragestellung seines Tuns gab. Auf die Phase der bisher alles dominierenden Sinneseindrücke, der bloßen körperlichen Existenz, folgt in der totalen Abgeschlossenheit der Gefängniszelle das Nachdenken über die aus der Todesgewissheit resultierende **Absurdität des menschlichen Lebens**. Meursaults Akzeptanz des Todes am Ende des Romans, nach seinem Akt der Revolte in der Auseinandersetzung mit dem Gefängnisgeistlichen, seine Hingabe an die Natur, bedeuten Wiederherstellung der Einheit des Menschen mit der ihn umgebenden Welt, wie sie vor der Bewusstwerdung in der rein vegetativen Existenz Meursaults bestanden hatte.

Als weiterer Beleg dafür, dass das Thema „Tod" und Meursaults Auseinandersetzung damit die Klammer ist, die das gesamte Romangeschehen zusammenhält, dient auch die Beobachtung, dass der «souffle» – „der Atem" des Todes, mehrfach von Meursault gespürt wird: Zum ersten Male nach dem Gespräch mit Raymond über den Tod der Mutter: «... des profondeurs de la cage d'escalier montait un souffle obscur et humide» (S. 55) – „... aus den Tiefen des Treppenhauses stieg ein dunkler, feuchter Hauch auf" (S. 42), dann zweimal in der Strandszene, wo der «grand souffle chaud» (S. 92) – „der starke, heiße Atem" (S. 71), der «souffle épais et ardent» (S. 95) – „der zähe, glühende Brodem" (S. 73) den nahenden Tod ankünden und Ursache für die Tötung des Arabers sind, sowie am Ende des Romans: «... un souffle obscur remontait vers moi» (S. 183) – „... ein dunkler Atem [stieg] zu mir auf" (S. 141).

2 Charakterisierung der Hauptperson

Meursaults Beziehung zu seiner Mutter

Bereits der erste Abschnitt des Romans vermittelt uns ein aufschlussreiches Bild des Romanhelden:

> *Aujourd'hui maman est morte. Ou peut-être hier, je ne sais pas. J'ai reçu un télégramme de l'asile: «Mère décédée. Enterrement demain. Sentiments distingués.» Cela ne veut rien dire. C'était peut-être hier. (S. 9) – Heute ist Mama gestorben. Vielleicht auch gestern, ich weiß nicht. Ich habe ein Telegramm vom Heim bekommen: „Mutter verstorben. Beisetzung morgen." Das will nichts heißen. Es war vielleicht gestern. (S. 7)*

«Maman» weist auf eine tiefe Gefühlsregung des Sprechers hin – ein Kind verrät hier ein **inniges Verhältnis** zu seiner Mutter, Schmerz und innere Betroffenheit über ihren Verlust werden spürbar. Das «aujourd'hui» – „heute" als der Tag, an dem er mit dem Tod konfrontiert wird, markiert einen tiefen Einschnitt in seinem Leben.

Die Mutter von Camus

Der zweite Satz gibt Aufschluss darüber, wie Meursault versucht, diese Erfahrung zu verarbeiten: «Ou peut-être hier, je ne sais pas.» – „Vielleicht gestern, ich weiß nicht." Er sucht eine innere Distanz zum Tod seiner Mutter und somit generell zum Phänomen „Tod" zu gewinnen, so dass der Eindruck der Trauer verloren geht. Die in den Vordergrund tretende Reflexion über den Todestag – die Wiederholung des «peut-être hier» – „es war vielleicht gestern" ist Beleg dafür – verlagert das Thema aus dem emotionalen in den rein rationalen Bereich. Meursault verdrängt jeden ihn existenziell berührenden Gedanken an den Tod.

Dass seine Worte „es war vielleicht gestern" nicht Gleichgültigkeit gegenüber dem Schicksal seiner Mutter sind, verrät der gesamte Roman. Nach seiner Ankunft in Marengo ist sein erster Gedanke der an seine Mutter:

> *J'ai voulu voir maman tout de suite. Mais le concierge m'a dit qu'il fallait que je rencontre le directeur. (S. 11) – Ich wollte sofort zu Mama. Aber der Pförtner hat gesagt, ich müsste erst den Heimleiter sprechen. (S. 8)*

Da man seinem spontanen Wunsch aus organisatorischen Gründen nicht nachkommt, lehnt er die späteren Angebote des Heimleiters und des Pförtners, den Sarg zu öffnen, ab – er weigert sich, an einem aus seiner Sicht sinnentleerten, routinemäßigen Vorgang teilzunehmen.

Er versucht, sich in die Gefühle seiner Mutter hineinzuversetzen und zu verstehen, warum sie in ihren letzten Lebensjahren noch eine Verbindung mit M. Pérez eingegangen war:

A travers les lignes de cyprès qui menaient aux collines près du ciel, cette terre rousse et verte, ces maisons rares et bien dessinées, je comprenais maman. Le soir, dans ce pays, devait être comme une trêve mélancolique. (S. 27) – Bei den Zypressenreihen, die zu den Hügeln am Himmel führten, diesem rotbraunen und grünen Land, diesen vereinzelten, klar gezeichneten Häusern verstand ich Mama. Der Abend musste in dieser Gegend wie eine melancholische Atempause sein. (S. 21)

Nach der Rückkehr von der Beerdigung erkennt er, wie sehr sie **Teil seines Lebens** war:

Après le déjeuner, je me suis ennuyé un peu et j'ai erré dans l'appartement. Il était commode quand maman était là. Maintenant il est trop grand pour moi ... (S. 36) – Nach dem Essen habe ich mich ein bisschen gelangweilt und bin in der Wohnung herumgewandert. Sie war bequem, als Mama da war. Jetzt ist sie zu groß für mich ... (S. 27)

Obwohl seine Mutter bereits vor drei Jahren ins Altenheim übergesiedelt war, erwähnt er, dass er seine Wohnung „jetzt" als zu groß empfindet. Dieses «maintenant» – „jetzt", inhaltlich völlig unlogisch, belegt, dass der Tod der Mutter für sein Leben einschneidende Wirkung hat, seine Gefühle verändert und ihn seine Einsamkeit spüren lässt. Die Beschreibung des abendlichen Algier erweckt den Eindruck von Melancholie und Traurigkeit und ist ein weiterer Hinweis auf seinen Bewusstseinszustand (frz. Text S. 40/41, dt. Text S. 31).

Besonders in Situationen, die in etwa der seinen vergleichbar sind, kreist sein Denken um seine Mutter: Er hört das Schluchzen des alten Salamano, dessen Hund entlaufen ist:

Et au bizarre petit bruit qui a traversé la cloison, j'ai compris qu'il pleurait. Je ne sais pas pourquoi j'ai pensé à maman. Mais il fallait que je me lève tôt le lendemain. (S. 65/66) – Und an dem eigentümlichen leisen Geräusch, das durch die Zwischenwand drang, habe ich erkannt, dass er weinte. Ich weiß nicht, warum ich an Mama gedacht habe. Aber ich musste am nächsten Tag früh aufstehen. (S. 49/50)

Das adversative, d. h. einen Gegensatz bezeichnende «mais» – „aber" steht mit dem vorhergehenden Satz in keinem logischen inneren Zusammenhang; es bedeutet, dass sich Meursault von allem, was ihn an den Tod der Mutter und an den Tod im Allgemeinen erinnert, zu befreien sucht.

Auch später, im Gefängnis, ist er seiner Mutter nahe. Als er sich zu Beginn seiner Inhaftierung nur sehr schwer an den Gedanken gewöhnen kann, seiner Freiheit beraubt zu sein, hilft ihm die Besinnung auf frühere Bemerkungen seiner Mutter (vgl. frz. Text S. 120, dt. Text S. 93).

Gegen Ende des Romans, nach seiner Verurteilung, spendet ihm die Erinnerung an sie Trost:

Maman disait souvent qu'on n'est jamais tout à fait malheureux. Je l'approuvais dans ma prison, quand le ciel se colorait et qu'un nouveau jour glissait dans ma cellule. (S. 172) – Mama sagte oft, dass man nie ganz und gar unglücklich ist. Ich stimmte ihr in meinem Gefängnis zu, wenn der Himmel sich färbte und ein neuer Tag in meine Zelle kroch. (S. 133)

Seine letzten Gedanken gelten seiner Mutter: «Si près de la mort, maman devait s'y sentir libérée, et prête à tout revivre» (S. 185) – „Dem Tod so nahe, hatte Mama sich dort befreit gefühlt und bereit, alles noch einmal zu leben" (S. 143).

Was ihm seine Mutter wirklich bedeutet, kann man aus seiner Schilderung eines Besuchstermins im Gefängnis erschließen: in dem ohrenbetäubenden Lärm fällt sein Blick auf eine alte Frau, die ihren inhaftierten Sohn besucht:

Le seul îlot de silence était à côté de moi dans ce petit jeune homme et cette vieille qui se regardaient. … La petite vieille s'est rapprochée des barreaux et, au même moment, un gardien a fait signe à son fils. Il a dit: «Au revoir, maman» et elle a passé sa main entre deux barreaux pour lui faire un petit signe lent et prolongé. (S. 118) – Die einzige Insel der Stille war neben mir der kleine junge Mann und diese Alte, die sich ansahen. … Die kleine Alte ist dicht an die Gitterstäbe getreten, und im selben Moment hat ein Wärter ihrem Sohn ein Zeichen gegeben. Er hat gesagt: „Auf Wiedersehen, Mama", und sie hat die Hand durch zwei Stäbe gesteckt, um ihm zart, langsam und anhaltend zu winken. (S. 91)

Es ist dieses Bild der liebenden Mutter, des stummen Verstehens zwischen ihr und ihrem Sohn, der unausgesprochenen Zärtlichkeit, das Meursault innerlich berührt und das zeigt, wie sehr er sich nach der **Geborgenheit** gebenden Mutter sehnt.

Nach ihrem Tod empfindet er **Schuldgefühle**, da er sie ins Altenheim gegeben hat. So erklärt es sich, dass er während der Totenwache den Eindruck hat, die alten Leute, die vor ihm Platz genommen haben, säßen über ihn zu Gericht (vgl. frz. Text S. 19, dt. Text S. 15).

Aus den Worten des Heimleiters meint er einen Vorwurf herauszuhören:

J'ai cru qu'il me reprochait quelque chose et j'ai commencé à lui expliquer. Mais il m'a interrompu: «Vous n'avez pas à vous justifier, mon cher enfant.» (S. 11) – Ich habe geglaubt, er wollte mir etwas vorwerfen, und habe angefangen, es ihm zu erklären. Aber er hat mich unterbrochen: „Sie brauchen sich nicht zu rechtfertigen, mein liebes Kind." (S. 9)

Auch am Ende des 5. Kapitels rechtfertigt er sich gegenüber Salamano, als er erfährt, dass die Nachbarschaft sein Verhalten gegenüber seiner Mutter immer sehr kritisch beurteilt hat (vgl. frz. Text S. 75, dt. Text S. 57).

Im gesamten Roman begleitet der Gedanke an seine tote Mutter den Helden und damit auch der Gedanke an den Tod als solchen. Bereits bei der Analyse der ersten Zeilen des Romans wurde deutlich, dass Meursault versucht, sich davon zu befreien. Auch der Schluss des 1. Kapitels ist unter diesem Gesichtspunkt von besonderem Interesse. Meursault spricht von seiner Freude:

> *… quand l'autobus est entré dans le nid de lumière d'Alger et que j'ai pensé que j'allais me coucher et dormir pendant douze heures. (S. 31) – … als der Bus in das Lichternest von Algier eingefahren ist und ich gedacht habe, dass ich gleich ins Bett gehen und zwölf Stunden schlafen würde. (S. 24)*

Der Schlaf ist Schutz vor der Wahrheit, befreit Meursault von der Notwendigkeit, sich mit dem Thema „Tod" auseinanderzusetzen.

Das Bad im Meer, Meursaults erste Tätigkeit am Tag nach der Beerdigung, ist wie ein Akt der Reinigung: Im Kontakt mit dem Meer, dem Ursprung allen Lebens, versucht er, sich von der Macht des Todes zu befreien. Der mehrfache, etwas seltsam anmutende Hinweis Meursaults, dass er sich die Hände gewaschen habe, hat seine Bedeutung ebenfalls in diesem Zusammenhang, ist eine Art Ritual, um sich frei zu waschen von der Konfrontation mit dem Tod, wiederholt auf S. 43 (frz. Text) bzw. S. 32 (dt. Text): «Je me suis aussi lavé les mains et, pour finir, je me suis mis au balcon.» (S. 37) – „Ich habe mir auch die Hände gewaschen, und schließlich bin ich auf den Balkon getreten." (S. 28)

Meursaults absurdes Leben

Das Wissen um die Unausweichlichkeit des Todes hat für einen Nichtchristen wie Meursault – «J'ai répondu [à l'aumônier] que je ne croyais pas en Dieu» (S. 176) – „Ich habe [dem Priester] geantwortet, dass ich nicht an Gott glaubte" (S. 136) – entscheidende Auswirkungen auf sein gesamtes Leben. In einer Welt, deren tieferer Sinn einem verborgen bleibt, die einem keine Gewissheit auf ein Leben nach dem Tode gibt, ist die menschliche Existenz letztendlich ohne tiefere Bedeutung, ist vorausblickendes Handeln ohne Sinn, ist jeder Akt gleich sinnvoll oder gleich sinnlos: Meursault verdrängt die Wahrheit bezüglich der Natur des menschlichen Lebens, jedoch erwecken seine Lebensführung im ersten Teil und das Bild der Gesellschaft, das er zeichnet, den Eindruck der **Absurdität** der Welt. Meursaults Beschreibung der Frau, die in Célestes Restaurant an seinem Tisch Platz nimmt, ist in diesem Zusammenhang aufschlussreich: Er beobachtet eine Person, deren Verhalten eher an einen Roboter denn an einen Menschen erinnert. Sie wirkt in ihren Bewegungen wie ferngesteuert, handelt gleichsam unter einem inneren Zwang: «Elle avait des gestes saccadés et des yeux brillants dans une petite figure de pomme.» (S. 71) – „Sie hatte ruckartige Bewegungen und glänzende Augen in einem kleinen Apfelgesicht." (S. 54)

Jede Sekunde ist verplant, jede Spontaneität fehlt, und dieser Monotonie entspricht der beiordnende Satzbau, der keine ihrer Tätigkeiten besonders hervorhebt (vgl. frz. Text S. 72, dt. Text S. 54–55).

Meursault liefert uns im ersten Teil des Romans Einzeleindrücke, die in einer Art chronologischer Abfolge dem Leser vorgestellt werden, bei der gewissermaßen die ordnende Hand fehlt. Augenblickseindrücke, gegenwärtige Tätigkeiten seinerseits werden festgehalten und minutiös wiedergegeben; sie sind beliebig austauschbar, eine Veränderung der Reihenfolge würde keine Veränderung im Hinblick auf ihre Wichtigkeit bedeuten. Ihre Zahl könnte auch beliebig reduziert werden – alles erscheint gleich wichtig bzw. unwichtig. Meursault stellt uns eine Welt vor, die aus den Fugen geraten ist. Ein charakteristisches Beispiel für diese Art der Beschreibung finden wir im 2. Kapitel des ersten Teils. Jede Einzelheit findet Erwähnung: das Ausschneiden einer Zeitungsreklame, die genaueste Beobachtung eines Ehepaars und ihrer Kinder, das Abbrechen eines Stücks Schokolade usw. (vgl. frz. Text S. 41, dt. Text S. 31).

Es handelt sich um die Technik des sogenannten **Behaviorismus**: Die Wirklichkeit wird von außen gesehen, nur das Verhalten (engl.: *behaviour)* der Personen wird wiedergegeben. Es findet sich kein Versuch, ihre Psyche zu ergründen, keine Reflexion des Erzählers. Jenseits des sinnlich Wahrnehmbaren gibt es für Meursault keine verborgenen Wahrheiten, keine Transzendenz. Es existiert nur die Welt, in der wir leben, nur sie ist für uns begreifbar. Meursault führt, so könnte man in Anlehnung an einen Abschnitt aus dem *Mythos von Sisyphos* formulieren, eine **rein vegetative Existenz**, er ist gewissermaßen „Baum unter Bäumen". Er stimmt sein Leben nicht auf die Erwartungen der Gesellschaft ab, schließt keine Kompromisse, passt sich nicht an – für ihn gibt es keine von ihm akzeptierten Spielregeln, nach denen er sein Handeln ausrichtet. Meursault lebt vor der Tötung des Arabers in einer Phase kindlicher Unschuld, er lebt ohne Planung in den Tag hinein.

Dieser distanzierten Art der Schilderung, die den Eindruck völligen Unbeteiligtseins Meursaults hervorruft, entspricht die Art, wie der Held auf Ereignisse, Äußerungen anderer und Gefühle seiner Mitmenschen reagiert. Gleichgültig verhält er sich gegenüber dem Vorschlag seines Chefs, ihn mit einem verantwortungsvollen Posten in Paris zu betrauen. Meursaults Reaktion entsteht zum einen aus einer generellen **Indifferenz**, die bewirkt, dass er keine Pläne macht, kein echtes Interesse daran hat, sein Leben selbst zu gestalten und keinerlei Ehrgeiz besitzt:

> *J'ai répondu qu'on ne changeait jamais de vie, qu'en tout cas toutes se valaient et que la mienne ici ne me déplaisait pas du tout. (S. 68) – Ich habe geantwortet, dass man sein Leben nie änderte, dass eins so gut wie das andere wäre und dass mein Leben hier mir keineswegs missfiele. (S. 52)*

Der Hafen von Algier

Zum anderen gibt es angesichts der Endlichkeit menschlichen Lebens **keine echte, wirkliche Alternativen** eröffnende Wahl.

Meursault begnügt sich mit einem bescheidenen Leben in Algier. Er führt ein typisches Junggesellendasein, ohne große Ansprüche und Raffinesse. Allseits gut gelitten, fühlt er sich wohl im Milieu der einfachen Leute – die Zeugenaussagen seiner Bekannten während des Prozesses sind durchweg positiv: Für sie ist er «un homme» (S. 141) – „ein Mann" (S. 109).

Bei der Beschreibung von Personen beschränkt sich Meursault auf die bloße Wiedergabe von Äußerlichkeiten; er unternimmt keinen Versuch, sich in andere Menschen hineinzuversetzen. Dieser **Egozentrismus** – die Ichbezogenheit – Meursaults, seine Unfähigkeit, zu anderen eine wirklich persönliche Beziehung herzustellen, zeigt sich auch in seinem Verhältnis zu seiner Freundin **Marie**. Die Beschreibung ihrer Person beschränkt sich auf den rein körperlichen Bereich. Ihr Lachen, das er mehrfach erwähnt, erregt ihn sexuell: «Quand elle a ri, j'ai eu encore envie d'elle.» (S. 59) – „Als sie gelacht hat, bekam ich wieder Lust auf sie.“ (S. 44). Die Frage nach einer gemeinsamen Zukunft, nach einer Ehe mit Marie, beschäftigt ihn nicht im Geringsten, und seine seltsam anmutende Antwort auf eine entsprechende Frage ihrerseits ist Ausdruck seiner allgemein feststellbaren Gleichgültigkeit:

Je lui ai expliqué que cela n'avait aucune importance et que si elle le désirait, nous pouvions nous marier. (S. 69) – Ich habe ihr erklärt, dass das völlig belanglos wäre und dass wir, wenn sie es wünschte, heiraten könnten. (S. 53)

Für Meursault verbleibt die Beziehung zu Marie im gesamten Roman im Bereich des rein Physischen – er begehrt sie als Frau, ebenso wie er sich z. B. in seiner Gefängniszelle auch nach anderen Frauen sehnt (vgl. frz. Text S. 121, dt. Text S. 93).

Nirgends wird sichtbar, dass er für Marie besondere Gefühle hegt: Selbst kurz vor seiner Hinrichtung charakterisiert er seine Beziehung zu Marie sehr nüchtern:

Comment l'aurais-je su puisqu'en dehors de nos deux corps maintenant séparés, rien ne nous liait et ne nous rappelait l'un à l'autre. (S. 175) – Wie hätte ich es erfahren sollen, da uns außer unseren jetzt getrennten Körpern nichts verband und aneinander erinnerte. (S. 135)

Marie stellt in ihrer Körperlichkeit für Meursault die Verbindung zur Natur her. Der weibliche Körper erscheint als Teil der Natur – das Bild der vom Meeresschaum bedeckten Marie steht für das Einswerden der Frau mit dem Meer, dem Ursprung des Lebens (vgl. frz. Text S. 83, dt. Text S. 64). Die körperliche Vereinigung von Mann und Frau ist eine Art Rückkehr des Menschen in den Schoß der Natur:

J'avais laissé ma fenêtre ouverte et c'était bon de sentir la nuit d'été couler sur nos corps bruns. (S. 58) – Ich hatte mein Fenster offen gelassen, und es war schön, die Sommernacht über unsere braunen Körper fließen zu fühlen. (S. 44)[3]

Während sich Meursaults Beziehung zu seiner Mutter und zu

Marie erst bei genauer Analyse dem Leser wirklich erschließt, wirkt sein Verhalten gegenüber **Raymond** von vornherein äußerst befremdlich. Seine Bereitschaft, für ihn einen Brief an die Araberin zu schreiben, ist verwerflich, da er genau über die Absichten seines Zimmernachbarn informiert ist. Seine Kommentare zeigen, dass er innerlich völlig unbeteiligt ist:

> *D'ailleurs, ... il voulait savoir ce que je pensais de cette histoire. J'ai répondu que je n'en pensais rien mais que c'était intéressant. (S. 53) – Außerdem wollte er ... wissen, was ich zu dieser Geschichte meinte. Ich habe geantwortet, dass ich nichts dazu meinte, dass es aber interessant wäre. (S. 39)*

Meursault setzt den entsprechenden Brief auf, bekundet danach seine Gleichgültigkeit gegenüber dem Freundschaftsangebot Raymonds: «Cela m'était égal d'être son copain et il avait vraiment l'air d'en avoir envie.» (S. 54/55) – „Mir war es egal, sein Kumpel zu sein, und er sah wirklich so aus, als wäre er erpicht darauf." (S. 41)

Auch noch eine Woche später, obwohl er ja Raymonds Verhalten und seine Einstellung dazu hätte überdenken können, empfindet er seinen Zimmernachbarn als ausgesprochen sympathisch, erklärt sich sogar zu einer offensichtlichen Falschaussage gegenüber der Polizei bereit: «Je le trouvais très gentil avec moi et j'ai pensé que c'était un bon moment.» (S. 63) – „Ich fand ihn sehr nett mir gegenüber und habe gedacht, dass es angenehm mit ihm war." (S. 48)

Regungslos hatte er zugeschaut, wie Raymond seine ehemalige Freundin aufs Übelste misshandelt hatte, ohne Kommentar seine Bemerkung zur Kenntnis genommen, dass er sie bis aufs Blut geschlagen hatte (vgl. frz. Text S. 51, dt. Text S. 38).

Meursault denkt nicht einmal ansatzweise darüber nach, dass eine Haltung, wie er sie im Zusammenhang mit Raymond und dessen Umgang mit seiner Freundin an den Tag legt, die Basis jeden menschlichen Zusammenlebens zerstören würde.

Er handelt oft **spontan**, ohne Gedanken an die Konsequenzen seines Tuns. Insbesondere in den ersten fünf Kapiteln des Romans hat der Leser oft Schwierigkeiten, Meursaults Verhalten zu verstehen. Man fühlt sich an ein Bild erinnert, das Camus im *Mythos von Sisyphos* verwendet:

> *Un homme parle au téléphone, derrière une cloison vitrée, on ne l'entend pas, mais on voit sa mimique, on se demande pourquoi il vit.*[4] *– Ein Mensch spricht hinter einer Glaswand ins Telefon, man hört ihn nicht, man sieht nur sein sinnloses Mienenspiel: man fragt sich, warum er lebt.*[5]

Zwischen Meursaults Bewusstsein und dem Leser existiert eine Art **Glaswand**: Der Leser nimmt Worte, Mimik und Handeln Meursaults zwar wahr, jedoch ist es seine Aufgabe, in das Bewusstsein Meursaults einzudringen, seine Motive zu entschlüsseln. Dieser schreibt über sich, ohne sich wirklich dem Leser zu öffnen, zeigt Verhaltensweisen, die in sich widersprüchlich sind. Während ihm das Schicksal der Araberin völlig gleichgültig ist, zeigt er sich gegenüber seinem Arbeitskollegen Emmanuel hilfsbereit (vgl. frz. Text S. 57, dt. Text S. 43) und er versucht, den alten Salamano in seinem Schmerz zu trösten (vgl. frz. Text S. 75, dt. Text S. 57). Derselbe Meursault, der die Polizei anlügt, verhält sich absolut integer, wenn es um seine eigene Person geht: Obwohl er, durch seinen Verteidiger entsprechend unterrichtet, genau weiß, welche Antworten das Gericht von ihm erwartet, Antworten, die ihm das Leben retten könnten, lässt er sich niemals zu einer Falschaussage bewegen:

> *Ce que je pouvais dire à coup sûr, c'est que j'aurais préféré que maman ne mourût pas. Mais mon avocat n'avait pas l'air content. Il m'a dit: «ceci n'est pas assez.» (S. 102) – Was ich mit Sicherheit sagen könnte, wäre, dass ich es lieber gehabt hätte, Mama wäre nicht gestorben. Aber mein Anwalt sah nicht zufrieden aus. Er hat gesagt: „Das ist nicht genug." (S. 79)*

Meursault lebt gewissermaßen die durch den Tod vorgegebene Absurdität und Widersprüchlichkeit des menschlichen Lebens, eines Lebens, dem es an wirklicher Authentizität fehlt. Der erste Teil ist nur eine Illustration dieser Problematik, keine philosophische Auseinandersetzung damit. Erst am Ende des zweiten Teils hat Meursault die entsprechende Einsicht erlangt, um den wirklichen Charakter seines Lebens zu erfassen «[de] toute cette vie absurde que j'avais menée» (S. 183) – „[dieses] ganzen absurden Lebens, das ich geführt hatte“ (S. 141).

Vom absurden zum bewussten Helden

Der zweite Teil des Romans umfasst etwa ein gutes Jahr im Leben Meursaults, von seiner Inhaftierung bis zu seiner Verurteilung, während der erste Teil die Ereignisse von insgesamt 18 Tagen wiedergibt, woraus sich entscheidende Unterschiede im Hinblick auf Erzählerstandort und Erzähltechnik ergeben (vgl. S. 47 ff.).

Die Frage, die sich für den Leser mit dem Beginn des zweiten Teils stellt, betrifft Verhalten und Entwicklung eines Menschen wie Meursault im Gefängnis: Wie wird ein derartig sinnenfroher Mensch, der ohne Nachdenken seinen jeweiligen Neigungen folgte, mit dem totalen Abgeschlossensein von allem, was für ihn bisher Leben bedeutete, fertig?

Bei der äußeren Beschreibung des **Gefängnislebens** begnügt sich Meursault mit einem kurzen, unkommentierten Hinweis, der die elenden Bedingungen, unter denen die Gefangenen leben, zusammenfasst: «Toute la nuit, des punaises ont couru sur mon visage.» (S. 114) – „Die ganze Nacht sind Wanzen über mein Gesicht gekrochen.“ (S. 88) Es ist eine Welt, in der die Würde des Menschen missachtet wird, was be-

sonders in der detaillierten Schilderung eines Besuchstermins sichtbar wird. In dem Besucherraum ist eine wirkliche Unterhaltung unmöglich, der Austausch von Informationen kann nur brüllend erfolgen: Menschen werden zu Tieren degradiert, es ist eine erniedrigende Situation, in der man Besucher und Gefangene zur Zurschaustellung privatester Gefühle zwingt.

Meursault, der es gewohnt war, sich jedem neuen Eindruck hinzugeben und den gegenwärtigen Augenblick zu genießen, fällt es schwer, sich an die **Monotonie** des Gefängnisalltags zu gewöhnen «J'attendais vaguement quelque événement nouveau.» (S. 113) – „Ich wartete unbestimmt auf irgendein neues Ereignis" (S. 87). Das Bild Meursaults, der, an das Fenstergitter geklammert, den Anblick des Meeres und des Sonnenlichts in sich aufzunehmen sucht, macht deutlich, was diese Inhaftierung für ihn bedeutet (vgl. frz. Text S. 114, dt. Text S. 88). In Gedanken versucht er, seiner Gefängniszelle zu entkommen, er denkt an das Meer, das Plätschern der Wellen, an die zahlreichen Frauen, die er gekannt hat: «… j'avais des pensées d'homme libre» (S. 119) – „… ich hatte Gedanken eines freien Mannes" (S. 92).

Nach einiger Zeit begreift er, dass das Leben in Freiheit für ihn beendet ist, dass es **keine Rückkehr** in die vertraute Welt mehr gibt:

> *Non, il n'y avait pas d'issue et personne ne peut imaginer ce que sont les soirs dans les prisons. (S. 126) – Nein, es gab keinen Ausweg, und niemand kann sich vorstellen, was die Abende im Gefängnis sind. (S. 97)*

Aber Meursault, in Freiheit daran gewöhnt, seinen momentanen Launen nachzugehen, verfällt **nicht in Resignation**. Von allen Zerstreuungen abgeschlossen, gewissermaßen völlig auf sich selbst zurückgeworfen, meistert er sein Schicksal. Um nicht Opfer der Monotonie zu werden, strukturiert er seinen Tagesablauf. So bewegt er sich in Gedanken in seinem Zimmer, stellt sich alle

Gegenstände sowie ihren genauen Platz vor. Diese Erkundung unternimmt er mehrmals, und bei jedem Mal werden seine Erinnerungen präziser. (frz. Text S. 122/123, dt. Text S. 94/95). Das Schicksal des Mannes, der unerkannt nach Hause zurückkehrt und dort aus Habgier von Mutter und Schwester erschlagen wird[6], beschäftigt ihn und führt ihn zu allgemeinen Überlegungen in Bezug auf den Wahrheitsgehalt der Geschichte und menschliches Leben schlechthin (frz. Text S. 124/125, dt. Text S. 96). Der gesamte Aufbau des zweiten Teils belegt, dass wir es mit einem veränderten Meursault zu tun haben. Während im ersten Teil des Romans der Leser mit einer Fülle von Eindrücken unterschiedlichster Art konfrontiert wird, ohne erkennbare gedankliche Ordnung, wirken die **Aussagen des zweiten Teils klar strukturiert**. Der Bericht von Geschehnissen ist streng getrennt von Überlegungen Meursaults zu bestimmten Ereignissen, wobei eine klare zeitliche Gliederung erkennbar ist. Abgeschieden von der Welt findet Meursault zu sich selbst und gewinnt die innere Kraft, sein Los zu akzeptieren. Er wirkt gereift – sein Spiegelbild, das ihn aus dem Blechnapf anschaut, ist das eines ernsten, traurigen, aber nicht verzweifelten Menschen (frz. Text S. 126, dt. Text S. 97). Durch die ihn umschließenden Gefängnismauern tritt nicht mehr die Außenwelt in sein Bewusstsein, sondern er selbst wird zum Mittelpunkt seiner Überlegungen; er bekommt eine andere Sicht der Dinge und nutzt die Möglichkeit, frühere Eindrücke zu korrigieren:

Ainsi, plus je réfléchissais et plus de choses méconnues et oubliées je sortais de la mémoire. (S. 123) – Je mehr ich nachdachte, desto mehr unbeachtete und vergessene Dinge holte ich so aus meinem Gedächtnis hervor. (S. 95)

Entwicklung der Haltung Meursaults zum Tod

Nr.	Inhalt	Zitat
I, 1–2	• Verdrängung des Gedankens an den Tod beim Ableben seiner Mutter	*... il n'y avait rien de changé. (S. 41) – ... [es hatte] sich ... nichts geändert. (S. 31)*
I, 3–5	• absurde Lebensführung Meursaults als Ergebnis seiner unterbewussten Einsicht in die Unvermeidlichkeit des Todes	*J'ai dit cela [le mariage avec Marie] m'était égal. (S. 69) – Ich habe gesagt, das [die Heirat mit Marie] wäre mir egal. (S. 52)*
I, 6	• Tötung des Arabers – Beginn des Wandels Meursaults vom absurden zum bewussten Leben	*... et c'est là ..., que tout a commencé. (S. 95) – ... und da ... hat alles angefangen. (S. 73)*
II, 5	• Meursaults Angst vor dem Tod nach der Urteilsverkündung: Hoffen auf ein Einkommen, Hoffen auf Begnadigung	*... échapper à la mécanique (S. 165) – ... dem Mechanismus ... entrinnen (S. 127)*
	• Weigerung, sein Schicksal in Gottes Hand zu legen	*J'ai répondu que je ne croyais pas en Dieu. (S. 176) – Ich habe geantwortet, dass ich nicht an Gott glaubte. (S. 136)*
	• Auseinandersetzung mit dem Gefängnisgeistlichen	*Je me suis mis à crier à plein gosier. (S. 182) – Ich habe angefangen, aus vollem Hals zu brüllen. (S. 141)*
	• bewusste Annahme des Todes	*J'étais coupable, je payais. (S. 179) – Ich wäre schuldig, ich bezahlte dafür. (S. 138)*
	• Erkenntnis des Werts des eigenen, gelebten Lebens	*... je me suis senti prêt à tout revivre. (S. 185) – ... ich fühlte mich bereit, alles noch einmal zu erleben. (S. 143)*

3 Das Gerichtsverfahren gegen Meursault

Meursault muss sein Leben nunmehr in einem Umfeld gestalten, dem er zum Teil verständnislos gegenübersteht. Seine innere Distanziertheit zeigt sich gegenüber allem, was mit seinem Verfahren zu tun hat – es betrifft die handelnden Personen ebenso wie den gesamten Prozessablauf. Allerdings haben wir es in dieser Hinsicht nicht länger mit dem Meursault des ersten Romanteils zu tun: Das Beobachtete wird nicht nur festgehalten, es wird auch mit Hilfe einer besonderen Erzähltechnik, nämlich dem „Inneren Monolog“ und dem «style indirect libre», der „freien indirekten Rede“, von Meursault kommentiert (vgl. dazu S. 48).

Zunächst befasst sich der Untersuchungsrichter mit seiner Angelegenheit. Der äußere Rahmen des ersten Verhörs wirkt auf Meursault wie eine alberne Theaterinszenierung, fast schon wie ein Maskenfest:

> *Il m'a reçu dans une pièce tendue de rideaux, il avait sur son bureau une seule lampe qui éclairait le fauteuil où il m'a fait asseoir pendant que lui-même restait dans l'ombre. J'avais déjà lu une description semblable dans des livres et tout m'a paru un jeu. (S. 100) – Er hat mich in einem Zimmer mit geschlossenen Vorhängen empfangen, er hatte auf seinem Schreibtisch eine einzige Lampe, die den Sessel beleuchtete, in dem er mich Platz nehmen ließ, während er selbst im Dunkeln blieb. Ich hatte eine ähnliche Beschreibung schon in Büchern gelesen, und das alles ist mir wie ein Spiel vorgekommen. (S. 77/78)*

Im hellen Licht ist er den prüfenden Blicken des im Dunkeln sitzenden **Untersuchungsrichters** ausgesetzt. So soll dem Angeklagten ein Gefühl der Bedrohung vermittelt werden, und unter diesem Druck soll er zu einem Schuldbekenntnis gebracht werden. Bei einem weiteren Gespräch fühlt er sich durch die sprunghafte, **unlogische Art der Gesprächsführung** irritiert:

Sans transition, il m'a demandé si j'aimais maman. J'ai dit: «Oui, comme tout le monde». (S. 105) – Ohne Übergang hat er mich gefragt, ob ich Mama liebte. Ich habe gesagt: „Ja, so wie alle." (S. 82)

Meursault hat Schwierigkeiten, diesen Mann und mit ihm das gesamte juristische System zu begreifen, ebenso wie dessen Vertreter den Angeklagten nicht verstehen – das Verb «comprendre» – „verstehen" erscheint mehrfach und ist ein Schlüsselbegriff in dieser Szene. Das „**Nichtverstehen**" betrifft besonders einen Punkt, nämlich die Frage, warum Meursault noch vier weitere Schüsse auf den bereits toten Araber abgegeben hat. Er antwortet nicht, und, noch wichtiger, er weiß auch keine Antwort:

... je n'ai rien répondu .... je n'ai pas su répondre ... Je me taisais toujours. (S. 106) – [ich] habe ... nichts geantwortet, ... [ich habe] nicht zu antworten gewusst ... Ich schwieg immer noch. (S. 82/83)

Die **Tötung** des Arabers war in keinem Augenblick ein Willensakt, sie entzog sich völlig menschlicher Einflussnahme und stellte gewissermaßen **ein von einem unerklärlichen Schicksal gesteuertes Ereignis** dar. Daraus ergibt sich, dass sich Meursault nicht als Verbrecher fühlt: «C'était une idée à quoi je ne pouvais pas me faire.» (S. 109) – „Das war eine Vorstellung, an die ich mich nicht gewöhnen konnte." (S. 85)

Nicht nur der Untersuchungsrichter wird von Meursault sehr kritisch gesehen; auch von seinem **Verteidiger**, der versucht, die Aussagen seines Mandanten zu manipulieren, zeichnet er ein negatives Bild. Man bekommt den Eindruck, dass es dem Anwalt eher um die **Vertuschung der Wahrheit** denn um Wahrheitsfindung geht:

Il m'a fait promettre de ne pas dire cela à l'audience, ni chez le magistrat instructeur. (S. 102) – Ich musste ihm versprechen, das weder bei der Verhandlung noch vor dem Untersuchungsrichter zu sagen. (S. 79)

Der Prozessbeginn ist für Meursault Anlass, alle im Gerichtssaal Anwesenden, ihr Äußeres sowie ihr Verhalten genau zu beobachten, wobei seine Art der Beschreibung und die von ihm verwendeten Bilder Hinweis auf seine kritische Einstellung sind. Die **Geschworenen** wirken eher wie eine **gesichtslose Masse** denn wie Individuen – ihre Entmenschlichung, ihre Zugehörigkeit zum Bereich des rein Dinglichen wird treffend in dem Bild der «banquette de tramway» – der „Straßenbahnbank“ wiedergegeben: «La banquette de tramway était toute entière tournée vers le président» (S. 135) – „Die Straßenbahnbank war vollständig dem Vorsitzenden zugewandt“ (S. 104). Die dort sitzenden Personen wirken wie Automaten – sie reagieren auf Knopfdruck, in roboterhafter Gleichförmigkeit, erinnern an Meursaults Tischnachbarin mit ihrer sinnentleerten Geschäftigkeit.

Den Zuschauern fehlt jedes Gefühl dafür, dass in dem Prozess über das Schicksal eines Menschen entschieden wird. Für sie ist diese Gerichtsverhandlung ein rein gesellschaftliches Ereignis, vergleichbar mit einer Theateraufführung – das mehrfach läutende Glöckchen (frz. Text S. 128, 131, 163, dt. Text S. 99, 101, 126) unterteilt wie im Theater die Aufführung in ihrer Abfolge. Meursault ist nicht Teil dieser Gesellschaft, er fühlt sich **wie ein Fremder** und von ihr **ausgeschlossen**. Er entfernt sich selbst innerlich von ihr: «… j'avais [l'impression] d'être de trop, un peu comme un intrus» (S. 130) – „… ich hatte [den Eindruck], überflüssig, so etwas wie ein Eindringling zu sein“ (S. 100).

Meursault beobachtet nicht nur sehr genau, wie auch im ersten Teil des Romans, er hat in der Abgeschlossenheit des Gefängnisses auch ein feines Gefühl für unterschwellige Stimmungen entwickelt: Nach den Aussagen des Pförtners, in denen dieser die aus seiner Sicht wichtigen Beobachtungen während der Beerdigung zusammenfasst – die Ablehnung des Sohnes, seine Mutter zu sehen, das Rauchen am Sarg, das Trinken eines

Milchkaffees, Meursaults Schlaf – spürt der Protagonist, dass er genau in diesen Punkten **von der Gesellschaft erwartete Verhaltensweisen verletzt** hat und somit in den Augen der Zuhörer schuldig ist:

> *J'ai senti alors quelque chose qui soulevait toute la salle et, pour la première fois, j'ai compris que j'étais coupable. (S. 138/139) – Da habe ich etwas gespürt, was den ganzen Saal ergriff, und zum ersten Mal habe ich verstanden, dass ich schuldig war. (S. 107)*

Er ist **schuldig am Tod der Mutter** – auf diesen Punkt wird der Staatsanwalt in seinem Plädoyer besonderen Wert legen – schuldig und somit **auch schuldig am Tod des Arabers**. Diese in der Zuhörerschaft und unter den Geschworenen vorherrschende Stimmung fasst der Staatsanwalt in folgendem Satz zusammen:

> *… j'accuse cet homme d'avoir enterré une mère avec un cœur de criminel. (S. 148) – … ich beschuldige diesen Mann, mit dem Herzen eines Verbrechers eine Mutter beerdigt zu haben. (S. 114)*

Dem **Staatsanwalt** sind alle Mittel recht, um die Geschworenen zu einem „schuldig" zu bewegen. Auffallend ist seine Gestik und Mimik, die aus dem bloßen Redevorgang ein dramatisches Geschehen macht und somit zu einer Verstärkung des Gesagten führt sowie gleichzeitig den Sprecher charakterisiert. Während der Zeugenaussage Maries spielt er den innerlich Unbeteiligten: Er blättert in Prozessakten, stellt eine scheinbar völlig belanglose Frage: «… d'un air indifférent …» (S. 143) – „… mit gleichgültiger Miene" (S. 111), wobei er sehr genau um die Brisanz seiner Frage, wann nämlich die Verbindung zwischen ihr und dem Angeklagten begonnen hat, weiß. Seine abwertende Wortwahl «sa maîtresse» (S. 153) – „seine Geliebte" (S. 117) für Marie soll Zuschauer und Geschworene gegen Meursault einnehmen – die ganze Schäbigkeit seines Vorgehens wird durch Meursaults einfaches: «... et pour moi, elle était Marie» (S. 153) – „... und für mich war sie doch Marie“ (S. 117) deutlich gemacht.

Er wendet sich persönlich an die Geschworenen, versucht damit, ein Vertrauensverhältnis zu ihnen herzustellen: «Et voilà, messieurs» (S. 153) – „So, meine Herren“ (S. 118). Als weiteres Mittel, um die Zuhörer direkt anzusprechen, macht er Gebrauch von der rhetorischen Frage: «A-t-il seulement exprimé des regrets?» (S. 154) – „Hat er wenigstens sein Bedauern ausgedrückt?“(S. 118) – die Antwort ist bereits in der Frage enthalten, sie kann nur „nein“ lauten.

Wortreiche, die Emotionen ansprechende Umschreibungen, sogenannte Periphrasen, gehören ebenfalls zu seinem Repertoire: Statt vom «père» – „Vater“ spricht er vom «auteur de ses jours» (S. 156) – dem „Urheber seines Lebens“ (S. 120), statt des einfachen «tuer» – „töten“ versteigt er sich zu dem sprachlichen Ungetüm «porter une main meurtrière sur» (S. 156) – „mörderische Hand legen an“ (S. 120). In die gleiche Richtung zielt folgende Hyperbel, bei der das Substantiv durch ein besonders hervorhebendes Adjektiv verstärkt wird: «le plus abominable des forfaits» (S. 156) – „die allerabscheulichste Untat“ (S. 120).

Seine Stimmführung suggeriert, dass er tief erschüttert ist und dass er um die Wahrheit ringt: Er spricht mit „tiefer, sehr ergriffener Stimme“ (S. 120) – «d'une voix très basse et très pénétrée» (S. 156), erwähnt seine „schmerzlich[e], unerquickliche Pflicht“ (S. 121) – «son devoir douloureux ... pénible» (S. 157), weist hin auf „[das] unabweisliche, heilige Gebot“ (S. 121) – «[le] commandement impérieux et sacré» (S. 157). Er fühlt sich als von Gott berufen, über Leben und Tod zu entscheiden. Es geht in der gesamten Gerichtsverhandlung nicht um die Wahrheitsfindung; weder Raymond noch Masson befragt man nach den Ereignissen am Strand, alle Fragen zielen darauf ab, Meursaults moralische Integrität in Frage zu stellen. Meursault wird mit seinem nicht an gesellschaftliche Normen angepassten Verhalten, besonders in Zusammenhang mit der Beerdigung seiner Mutter, als eine **Gefahr für die Gesellschaft** dargestellt:

> *... le vide du cœur tel qu'on le découvre chez cet homme devient un gouffre où la société peut succomber. (S. 155) – ... die Leere des Herzens, wie sie bei diesem Mann zu beobachten ist, wird ein Abgrund, in dem die Gesellschaft umkommen kann. (S. 119)*

Wirklich gefährlich für die Gesellschaft ist jedoch ein Mann wie der Staatsanwalt: Unter bewusster Ausschaltung der Ratio appelliert er an niederste menschliche Gefühle. Das Wertesystem, das er vertritt, ist kennzeichnend für ein **antidemokratisches System**:

> *... la vertu toute négative de la tolérance doit se muer en celle ... de la justice. (S. 155) – ... die ganze negative Tugend der Toleranz [muss sich] in die ... der Gerechtigkeit verwandeln. (S. 119)*

Minderheiten und abweichende Meinungen werden nicht toleriert, sondern eliminiert. Camus hat sich selbst zum Ablauf des Prozesses geäußert und hat aufgezeigt, was er demonstrieren wollte:

> *Dans notre société, tout homme qui ne pleure pas à l'enterrement de sa mère risque d'être condamné à mort.*[7] *– In unserer Gesellschaft riskiert jeder, der bei der Beerdigung seiner Mutter nicht weint, zum Tode verurteilt zu werden.*

Meursault passt sich nicht an, er verhält sich nicht wie die breite Masse, er tut, was ihm angemessen erscheint, sagt, was er empfindet, auch auf die Gefahr hin, zum Tode verurteilt zu werden. Er weigert sich, «de jouer le jeu» – „das Spiel mitzuspielen". Einige Worte des Bedauerns, einige Tränen hätten genügt, um ihm das Leben zu retten.

Filmausschnitt *L'étranger* (1967): Meursault im Gerichtssaal

Natürlich weiß Camus selbst, dass niemand zum Tode verurteilt wird, weil er bei der Beerdigung seiner Mutter nicht weint. Er will darauf hinweisen, dass unsere Gesellschaft auf den Einzelnen einen **hohen Anpassungsdruck** ausübt, dem man sich kaum entziehen kann.

Nach dem vom Gericht gesprochenen Todesurteil wird Meursault zum Spielball seiner Gefühle. Es treibt ihn die Frage um, ob es für ihn ein Entkommen geben kann (vgl. frz. Text S. 165, dt. Text S. 127).

Für Meursault ist die nahe Hinrichtung absolute Gewissheit, der er sich stellen muss. In einer langen argumentativen Passage setzt er sich noch einmal mit dem Urteil auseinander und versucht vergeblich, seine Hintergründe zu begreifen. Er stellt sich der Frage, was **Gerechtigkeit** ist, was das Wesen eines gerechten Urteils ausmacht: Er erkennt, dass es sich hierbei um einen **schwer fassbaren Begriff** handelt, abhängig von Unwägbarkeiten und Zufälligkeiten:

> *Le fait que la sentence avait été lue à vingt heures plutôt qu'à dix-sept, le fait qu'elle aurait pu être tout autre, qu'elle avait été prise par des hommes qui changent de linge, qu'elle avait été portée au crédit d'une notion aussi imprécise que le peuple français (ou allemand, ou chinois), il me semblait bien que tout cela enlevait beaucoup de sérieux à une telle décision. (S. 167) – Die Tatsache, dass das Urteil um zwanzig Uhr statt um siebzehn Uhr verlesen worden war, die Tatsache, dass es ganz anders hätte sein können, dass es von Menschen gefällt worden war, die das Hemd wechseln, dass es im Vertrauen auf einen so ungenauen Begriff wie das französische (oder deutsche oder chinesische) Volk erlassen worden war – dies alles schien mir einer solchen Entscheidung viel von ihrer Seriosität zu nehmen. (S. 128/129)*

Die «notion imprécise» – „der ungenaue Begriff", von dem er spricht, ist eine **Infragestellung des gesamten Rechtssystems** und weist noch einmal auf den Gegensatz hin, der zwischen ihm und der ihn verurteilenden, ihn ausgliedernden Gesellschaft besteht. Meursault entspricht genau dem Bild des absurden Menschen, der vom «désir éperdu de clarté», dem „glühenden Verlangen nach Klarheit" getrieben wird. Auf seine Fragen erhält er keine Antwort, sondern stößt nur auf die Unvereinbarkeit zwischen dem von Zufälligkeiten abhängigen Urteil einerseits und der aus dem Urteil resultierenden absolut sicheren Vernichtung seiner Person. Diese auf hohem intellektuellen Niveau angesiedelte Textpassage macht die **innere Wandlung Meursaults** von einem oberflächlichen, nur dem Augenblick verhafteten Menschen zu einer Person, die menschliches Leben im Konflikt mit gesellschaftlichen Gegebenheiten reflektiert, deutlich.

Meursault, dem es gelungen war, das Gefängnisleben innerlich zu akzeptieren, lebt angesichts seines nahen Todes in einem **Wechselbad der Gefühle**. Er versucht, zu innerer Gelassenheit beim Gedanken an seine bevorstehende Hinrichtung zu finden: «...tout le monde sait que la vie ne vaut pas la peine d'être vécue.» (S. 173) – „... jeder weiß, dass das Leben nicht lebenswert ist." (S. 133) Aber die Freude am Leben lässt immer wieder die Hoffnung auf eine mögliche Begnadigung oder ein Entkommen aufkeimen – er spricht von einem «... bond terrible que je sentais en moi à la pensée de vingt ans de vie à venir» (S. 173) – „... riesigen Freudensprung, den ich bei dem Gedanken an zwanzig Jahre künftigen Lebens in mir fühlte." (S. 133) Die Verurteilung Meursaults zum Tode ist durch Camus' philosophischen Ansatz bedingt, denn sie zwingt ihn zu einer Art Bestandsaufnahme hinsichtlich seines bis dahin gelebten Lebens.

4 Motive und zentrale Aspekte

Ausgangspunkt des philosophischen Denkens Camus' ist seine skeptische Grundeinstellung zur Natur des menschlichen Daseins. Der Mensch spürt in sich das Verlangen nach Klarheit, nach Einheit mit der ihn umgebenden Welt, er stößt jedoch bei seinen Fragen an Grenzen menschlicher Erkenntnisfähigkeit:

> *«Je ne sais pas si ce monde a un sens qui me dépasse. Mais je sais que je ne connais pas ce sens et qu'il m'est impossible pour le moment de le connaître. Que signifie pour moi une signification hors de ma condition? Je ne puis comprendre qu'en termes humains. Ce qui me touche, ce qui me résiste, voilà ce que ce comprends.»*[8] *– „Ich weiß nicht, ob diese Welt einen Sinn hat, der über mich hinausgeht. Aber ich weiß, dass ich diesen Sinn nicht kenne und dass ich ihn zunächst unmöglich erkennen kann. Was bedeutet mir ein Sinn, der außerhalb meiner Situation liegt? Ich kann nur innerhalb menschlicher Grenzen etwas begreifen. Was ich berühre, was mir Widerstand leistet – das begreife ich."*[9]

Anspruch und Wirklichkeit klaffen auseinander, und genau darin liegt für Camus das Wesen der Absurden:

> *«Mais ce qui est absurde, c'est la confrontation de cet irrationnel et de ce désir éperdu de clarté dont l'appel résonne au plus profond de l'homme»*[10] – *„Absurd aber ist die Gegenüberstellung des Irrationalen und des glühenden Verlangens nach Klarheit, das im tiefsten Inneren des Menschen laut wird."*[11]

In diesem Sinne ist der Tod das wirklich absurde Ereignis, und im Besonderen natürlich der eigene Tod. Angesichts der Gewissheit darum sind wir gezwungen, uns mit unserem Leben bewusst auseinanderzusetzen.

Nach Camus' Überzeugung ist dem Menschen der Zugang zu einer transzendenten Wahrheit verwehrt, er erfährt die Unmöglichkeit des Einblicks in den tiefen Sinn der Welt, gleichzeitig bleibt jedoch in ihm das Streben nach dieser Erkenntnis lebendig. Er kann als vernunftbegabtes Wesen nicht wie das Tier in der primitiven Einheit mit der Natur leben:

> *«Si j'étais arbre parmi les arbres, chat parmi les animaux, cette vie aurait un sens ou plutôt ce problème n'en aurait point car je ferais partie de ce monde. Je serais ce monde ...»*[12] – *„Wenn ich Baum unter Bäumen wäre, Katze unter den Tieren, dann hätte dieses Leben einen Sinn oder, vielmehr: dieses Problem bestünde überhaupt nicht, denn dann wäre ich ein Teil dieser Welt. Ich wäre diese Welt ..."*[13]

Die Absurdität des menschlichen Daseins ist unaufhebbar. Um nicht zu verzweifeln, muss der Mensch selbst seinem Leben einen Sinn geben.

Meursault bekennt sich zu seinem gelebten Leben als eigenständigem Wert, der Arzt Dr. Rieux in Camus' großem Roman «La Peste» – „Die Pest" findet in seinem unermüdlichen Kampf gegen die Pest und das von ihr verursachte Leiden den Sinn seines Lebens, wohl wissend, dass seine permanente Auflehnung gegen den Tod diesen niemals besiegen wird.

5 Erzähltechnik und Erzählperspektive

Die im Roman dargestellte Welt – Personen, Ereignisse usw. – ist aus der Sicht des **Ich-Erzählers Meursault** gesehen, der selbst als Handelnder und Beobachtender Teil dieser Welt ist. Der Leser erhält nur über Meursault Zugang zu den Charakteren und Geschehnissen. Da sich Meursault in den ersten fünf Kapiteln jeden Kommentars und jeder Stellungnahme enthält, kann der Leser z. B. Verhaltenweisen von Personen nur mithilfe seines eigenen Wertesystems beurteilen. Diese Erzähltechnik erwächst aus der Überzeugung Camus', dass der Sinn der Welt dem Menschen nicht zugänglich ist – Meursaults «au fond, personne ne peut savoir» (S. 46/47) – „im Grunde kann es niemand wissen" (S. 35), bezogen auf Salamanos Beziehung zu seinem Hund – ist als allgemein gültige Aussage zu sehen.

Der erste Teil des Romans, mit Ausnahme des 6. Kapitels, ist in Bezug auf die Erzähltechnik Ausdruck von Meursaults Leben: er lebt «au jour le jour» – „in den Tag hinein" und schreibt die wechselnden Eindrücke fast eines jeden Tages in Form eines Tagebuchs nieder. Jedes Ereignis wird mit Tages-, z. T. auch mit genauer Zeitangabe, festgehalten, ebenso wie einzelne zukünftige Tagesabschnitte: «Je prendrai l'autobus à deux heures et j'arriverai dans l'après-midi.» (S. 9) – „Ich werde den Bus um zwei nehmen und nachmittags ankommen." (S. 7) Nur der Ablauf der Ereignisse findet Erwähnung, mehr nicht. Eine Aufarbeitung des Geschehens oder eine Stellungnahme dazu findet sich nirgends.

Hinsichtlich des Erzählerstandorts gehört das Ende des 6. Kapitels zum zweiten Teil des Romans: der Satz «... et c'est là, dans le bruit à la fois sec et assourdissant que tout a commencé.» (S. 95) – „... da, in dem zugleich harten und betäubenden Knall, hat alles angefangen." (S. 73) ist nur vom Ende her zu verstehen.

Der gesamte zweite Teil stellt eine **Retrospektive**, d. h. eine Rückschau dar, die von Meursault am Ende seines Lebens geschrieben wurde. Wir haben keine Datumsangaben, keinen chronologischen Bericht. Meursault ordnet, gliedert und fasst zusammen – man spricht hierbei von **Raffung**, bei der erzählerisch unwichtige Zeitspannen ausgespart werden.

Eine ganz besondere Form der Erzähltechnik findet sich dort, wo Meursault Aussagen des Staatsanwalts kommentiert. Das geschieht zum einen in der Form des **inneren Monologs**, der Meursaults Gefühle und Wertungen in Hinblick auf Ausführungen des Staatsanwalts wiedergibt – sie erfahren somit eine spezifische Brechung in der Person des Erzählers:

Moi j'écoutais et j'entendais qu'on me jugeait intelligent. Mais je ne comprenais pas bien comment les qualités d'un homme ordinaire pouvaient devenir des charges écrasantes contre un coupable. (S. 154) – Ich hörte zu und vernahm, dass man mich für intelligent hielt. Aber ich verstand nicht, wie aus den Eigenschaften eines gewöhnlichen Menschen erdrückende Belastungsmomente für einen Schuldigen werden konnten. (S. 118)

Der innere Monolog ist im Rahmen der Gerichtsverhandlung funktional eingesetzt und zwar insofern, als er die Vereinzelung Meursaults illustriert. Durch seine Gedanken wird der Leser auf Schwachpunkte in der Argumentationskette aufmerksam gemacht und nimmt somit intensiven persönlichen Anteil am gesamten Prozessverlauf.

Die Charakterisierung des Staatsanwalts geschieht zusätzlich durch den sogenannten «**style indirect libre**» – die „**freie indirekte Rede**“. Im Gegensatz zur indirekten Rede, bei der Aussagen durch den Erzähler wiedergegeben werden und folglich seiner Regie unterliegen, wird hier ihre Unmittelbarkeit vorgespiegelt:

Il disait qu'il s'était penché sur [mon âme] et qu'il n'avait rien trouvé, messieurs les jurés. (S. 155) – Er sagte, er hätte sich über [meine Seele] gebeugt und hätte nichts gefunden, meine Herren Geschworenen. (S. 119)

Die Person des Staatsanwalts, dessen Worte «... messieurs les jurés» – „... meine Herren Geschworenen“ vom Eingriff des Erzählers befreit sind, steht in voller Gegenwärtigkeit vor uns. Aus dem situativen Zusammenhang genommen wirken diese drei Worte komisch – Meursault demonstriert auf diese Weise seinen inneren Abstand zum Anklagevertreter. Er setzt das Mittel der Sprache ganz gezielt ein und belegt damit seine innere Reifung, seine Entwicklung zu einem bewussten Helden.

6 Sprache und Stil

Camus gelingt es überzeugend, Meursaults Sprachstil seiner Entwicklung von einem Menschen, dessen Leben aus einer bloßen Abfolge von Augenblicken besteht, zu einer Person, die Situationen reflektiert und die das Verhalten von Menschen analysiert, anzupassen.

In den **ersten fünf Kapiteln** des Romans erscheinen die Sätze nicht als geordnete Satzgefüge, sie bauen nicht auf Vorhergehendem auf und weisen nicht auf Folgendes hin:

J'ai pensé alors qu'il fallait dîner ... Je suis descendu acheter du pain et des pâtes, j'ai fait ma cuisine et j'ai mangé debout. (S. 41) – Da habe ich gedacht, dass ich zu Abend essen müsste. ... Ich bin Brot und Nudeln einkaufen gegangen, habe gekocht und im Stehen gegessen. (S. 31)

Der **parataktische Satzbau**, die bloße Aneinanderreihung von Hauptsätzen, lediglich durch die Konjunktion «et» – „und“ verbunden, isoliert Ereignisse voneinander. Dieser Eindruck wird durch die Verwendung des «passé composé» verstärkt, das, zur Wiedergabe einmalig stattfindender Geschehnisse verwandt, den Leser direkt teilhaben lässt am Fortgang der Handlung.

Ein Aspekt der Wirklichkeit wird vorgestellt, verschwindet, macht einem neuen Gesichtspunkt Platz – dazwischen bestehen **keine verbindenden Elemente**, es zeigt sich kein gedankliches Ganzes, keine innere Struktur, keine Variation im Bereich der Wortwahl. Der Eindruck absoluter Monotonie entsteht, im folgenden Beispiel verstärkt durch die Anapher – hierbei handelt es sich um die Wiederholung eines Wortes oder von Wortgruppen am Anfang aufeinander folgender Sätze zur Verstärkung eines bestimmten Eindrucks – und die gleichen Satzbaumuster:

> *... il y avait quatre hommes noirs dans la pièce ... Devant la porte, il y avait une dame ... Devant la porte, il y avait la voiture ... A côté d'elle il y avait l'ordonnateur.* (S. 25/26) – *... es standen vier schwarz gekleidete Männer in dem Raum ... Vor der Tür stand eine Dame ... Vor der Tür stand der Wagen ... Neben ihm stand der Ordner.* (S. 19/20)

Die **ständige Wiederholung** hebt nicht hervor, setzt keine Akzente, ein innerer Bezug des Erzählers zu den geschilderten Ereignissen ist nicht erkennbar, so dass eher der Eindruck eines burlesken Schauspiels als einer Beerdigung entsteht.

Auch Gefühlsäußerungen oder andere Zeichen von Trauer und Schmerz werden lediglich in ihrer sichtbaren Erscheinungsform registriert, ohne dass der Erzähler sich innerlich berührt fühlt:

> *Nous sommes restés un long moment ainsi. Les soupirs et les sanglots de la femme se faisaient plus rares. Elle reniflait beaucoup. Elle s'est tue enfin. Je n'avais plus sommeil, mais j'étais fatigué et les reins me faisaient mal.* (S. 20) – *Wir sind eine ganze Weile so sitzen geblieben. Die Seufzer und Schluchzer der Frau wurden seltener. Sie schniefte viel. Sie ist endlich still geworden. Ich war nicht mehr müde, aber erschöpft, und das Kreuz tat mir weh.* (S. 16)

Der banale Hinweis auf eigene Kreuzschmerzen entwertet den Abschiedsschmerz der Frau und rückt die Szene in den Bereich des Komischen. Meursaults Erleben bleibt auf das rein Körperliche beschränkt, er versucht nicht, sich in einen Menschen hineinzuversetzen oder seine inneren Gefühle zu ergründen.

Seine innere Distanziertheit, sein Bestreben, alles von sich fern zu halten, was ihn zur Beschäftigung mit dem Thema „Tod" zwingen würde, zeigt sich auch in der sprachlichen Realisierung eines Gesprächs mit Raymond:

Il m'a expliqué alors qu'il avait appris la mort de maman, mais que c'était une chose qui devait arriver un jour ou l'autre. C'était aussi mon avis. (S. 55) – Er hat mir dann erklärt, dass er von Mamas Tod gehört hätte, dass es aber etwas wäre, was irgendwann kommen musste. Das war auch meine Meinung. (S. 41)

Bemerkungen Raymonds, die zu weitergehenden Überlegungen zum menschlichen Leben schlechthin führen könnten, werden derartig lakonisch und ohne besondere Hervorhebung präsentiert, dass man den Eindruck gewinnt, sie seien völlig bedeutungslos.

Auffallend im ersten Teil des Werks ist das fast völlige **Fehlen von Kausalsätzen** – sie haben begründende, erläuternde Funktion, stellen Bezüge her, sind Ausdruck für den Versuch, Motive menschlichen Handelns zu erfassen. Meursault hingegen bemüht sich nicht, Beweggründe für menschliches Tun aufzuzeigen und die Psyche eines Menschen zu analysieren; er bleibt an der Oberfläche und gibt nur das sinnlich Wahrnehmbare wieder.

Von diesem durch Monotonie, gedankliche und sprachliche Zusammenhanglosigkeiten gekennzeichneten Stil der ersten fünf Kapitel unterscheiden sich Meursaults **Naturbeschreibungen**. Man spürt, wie er sich von der Schönheit der Natur, dem besonderen Charakter der algerischen Landschaft gefangen nehmen lässt. Die Distanziertheit Menschen und Dingen gegenüber ist verschwunden, er gibt sich ganz dem Zauber eines Sonnen-

Sonnenaufgang bei Algier

aufgangs hin, fängt wie ein Maler alle Farbnuancen des Himmels ein:

> *Au-dessus des collines qui séparent Marengo de la mer, le ciel était plein de rougeurs. Et le vent qui passait au-dessus d'elles apportait ici une odeur de sel. (S. 22) – Über den Hügeln, die Marengo vom Meer trennen, war der Himmel voller Rottöne. Und der Wind, der darüber strich, trug einen Salzgeruch hierher. (S. 17)*

Mit den tödlichen **Schüssen** auf den Araber beginnt für Meursault die Phase der wirklichen Auseinandersetzung mit seinem Leben. Statt nur die Anwesenheit von Dingen oder Personen wahrzunehmen, Ereignisse zu registrieren – die Häufung von Verben wie «il y avait» – „es gab“, «j'ai remarqué» – „ich habe beobachtet“ usw. sind Beleg dafür – statt sich also nur passiv zu verhalten, setzt er sich nunmehr mit Ereignissen innerlich auseinander, **analysiert** sie, wägt ab: «D'un côté, [cette histoire] était invraisemblable. D'un autre, elle était naturelle.» (S. 125) – „Einerseits war [diese Geschichte] unwahrscheinlich. Andererseits war sie normal." (S. 96) Während Meursault z. B. beim Schluchzen der alten Frau vor dem Sarg der Mutter nur Geräusche registrierte, nur eine von vielen Momentaufnahmen gab, ohne eine innerliche Beziehung zu dem Beobachteten sichtbar werden zu lassen, versetzt er sich nun in die Psyche der Akteure und schließt von ihren äußeren Verhaltensweisen auf ihr Innenleben: «Le concierge m'a regardé alors avec un peu d'étonnement et une sorte de gratitude.» (S. 139) – „Da hat mich der Pförtner etwas erstaunt und irgendwie dankbar angesehen." (S. 108)

Meursaults innere Reifung findet ihren sprachlich überzeugendsten Ausdruck in seiner Auseinandersetzung mit dem Urteil, in der Frage nach dessen Berechtigung:

Le fait que la sentence avait été lue à vingt heures ..., le fait qu'elle aurait pu être tout autre, qu'elle avait été prise ..., qu'elle avait été portée au crédit ... (S. 167) – Die Tatsache, dass das Urteil um zwanzig Uhr ... verlesen worden war, die Tatsache, dass es ganz anders hätte sein können, dass es von Menschen ..., dass es im Vertrauen ... (S. 128)

Anapher und Parallelismus der einzelnen Satzteile kennzeichnen die **hypotaktische**, d. h. die unterordnende **Satzkonstruktion**, die sich auch in ihrer Länge von den Satzbaumustern des ersten Teils, oft nur bestehend aus Subjekt – Prädikat – Objekt, unterscheidet. Die Konjunktionen «malgré» – „trotz", «car» – „denn", «pourtant» – „jedoch" unterstreichen den argumentativen Charakter dieses Abschnitts, begründen einen Gedanken («car») oder schränken seine Gültigkeit ein («pourtant»).

Im ersten Teil dominierten Adjektive, die einen durch die Sinne vermittelten Eindruck wiedergaben; die Adjektive dieses Textauszugs haben wertenden Charakter und zeigen einen Menschen, der Stellung bezieht. Auch bei der Person des Staatsanwalts (vgl. S. 40 ff.) setzt Camus dessen Sprache in überzeugender Weise funktional zu seiner Charakterisierung ein.

Erzähltechnik – Sprache und Stil

Teil 1	Teil 2
Erzähltechnik:	
• Tagebuchform • chronologische Abfolge • genaue Datumsangabe • keine Schwerpunktsetzung • keine Kommentare des Erzählers	• Retrospektive • Rückschau Meursaults auf vorangegangene Ereignisse • Raffung • gedankliche Ordnung • Schwerpunktsetzung
Sprache und Stil:	
• parataktischer Satzbau • beiordnende Konjunktionen • Fehlen von Kausalsätzen • bloße Aneinanderreihung von Einzelbeobachtungen	• hypotaktischer Satzbau • unterordnende Konjunktionen, z. B. «malgré» – „trotz“, «car» – „denn“, «pourtant» – „jedoch“ • Verwendung antithetischer Partikel, z. B.: «D'un côté ... D'un autre» (S. 125) – „Einerseits ... Andererseits“ (S. 96)
• Adjektive geben lediglich Einzeleindrücke wieder • «il y avait» – „es gab“, «j'ai remarqué» – „ich habe beobachtet“ sind ein Hinweis auf innere Passivität des Erzählers	• Adjektive haben wertenden Charakter • Technik des inneren Monologs

7 Interpretation von Schlüsselstellen

Teil I, Kapitel 6 (frz. Text S. 77–95, dt. Text S. 59–74)
Dieses Kapitel zeichnet sich durch eine besonders kunstvolle Struktur aus, wobei Handlungsablauf, Bild der Natur und Sprachstil eine enge Verbindung eingehen. Die ersten Sätze haben sowohl rückweisenden als auch vorausdeutenden Charakter. Meursault befindet sich in einem schlechten physischen Zustand. Maries Aussage «... [vous avez] une tête d'enterrement» (S. 77) – „... ich hätte eine Leichenbittermiene" (S. 59) erinnert den Leser an die Beerdigung der Mutter – der Tod hängt wie ein Damoklesschwert von Anfang an über dem Kapitel. Die kosmischen Mächte scheinen Meursault feindlich gesinnt zu sein: «... le jour, déjà plein de soleil, m'a frappé comme une gifle» (S. 77) – „... das schon sonnenpralle Tageslicht [hat mich] wie eine Ohrfeige getroffen" (S. 59). Unheilverkündend wirkt auch eine Gruppe Araber, die Raymond, Marie und Meursault völlig regungslos beobachtet, «... [comme] si nous étions des pierres ou des arbres morts» (S. 79) – „als wenn wir Steine oder abgestorbene Bäume wären" (S. 60). Das Adjektiv «mort» –„tot" verstärkt den Eindruck der Bedrohlichkeit.

Marie, Meursault und Raymond erreichen das Wochenendhaus der Massons. Alle Gefahr scheint nunmehr verschwunden: Mme Masson strahlt Fröhlichkeit aus und gibt allen das Gefühl der Geborgenheit. Auch die Natur – Sonne, Meer und Sand – verleiht dem Menschen Ruhe und trägt zu seinem Wohlbefinden bei. Licht und Wasser gehen eine als beglückend empfundene Verbindung ein, sind Grund für höchste Lebensfreude «... sur mon visage tourné vers le ciel le soleil écartait les derniers voiles d'eau qui me coulaient dans la bouche» (S. 82) – „... die Sonne beseitigte auf meinem dem Himmel zugewandten Gesicht den letzten Wasserfilm, der in den Mund rann" (S. 63).

Die drei Männer verlassen das Häuschen, um einen Spaziergang zu machen. Durch die Beschreibung der im Zenith stehenden Sonne entsteht eine veränderte Atmosphäre, der Eindruck der Idylle verschwindet: «... [l'éclat du soleil] sur la mer était insoutenable» (S. 85) – „[der Glanz der Sonne] auf dem Meer war unerträglich" (S. 65). Je näher die Katastrophe heranrückt, desto drohender und zerstörerischer erscheint die Natur: «Le sable surchauffé me semblait rouge maintenant» (S. 86) – „Der überhitzte Sand erschien mir jetzt rot" (S. 66) – in wenigen Augenblicken wird es zu der ersten blutigen Konfrontation zwischen den Arabern und den drei Franzosen kommen, wobei Raymond durch Messerstiche verletzt wird: «... chaque fois qu'il parlait, le sang de sa blessure faisait des bulles dans sa bouche» (S. 88) – „... jedesmal, wenn er sprach, bildete das Blut aus der Wunde Blasen in seinem Mund" (S. 67). Das Blut in Raymonds Mund, hier Symbol für Gewalt, Tod und Verderben, kontrastiert mit dem Meerwasser, das hier Leben und Glück symbolisiert.

Zu Beginn des zweiten Zusammentreffens zwischen Meursault, Raymond und den Arabern liegt eine gewisse Spannung über der Szene, aber nichts deutet auf eine nochmalige Konfrontation hin. Auffallend ist eine sehr sachliche, die Ereignisse nüchtern wiedergebende Sprache:

Là, nous avons trouvé nos deux Arabes. Ils étaient couchés, dans leurs bleus de chauffe graisseux. Ils avaient l'air tout à fait calmes et presque contents. Notre venu n'a rien changé. Celui qui avait frappé Raymond le regardait sans rien dire. (S. 89) – Dort sind wir auf unsere beiden Araber gestoßen. Sie lagen in ihrem öligen Blaumann da. Sie wirkten vollkommen ruhig und fast zufrieden. Unser Kommen hat nichts geändert. Der, der auf Raymond eingestochen hatte, sah ihn an, ohne etwas zu sagen. (S. 68)

Meursault ist in der Lage, Raymond zu überzeugen, seine Waffe nicht zu benutzen. Auch die in der Nähe der Quelle liegenden Araber wirken ruhig.

Das dritte, in die Katastrophe führende Aufeinandertreffen Meursaults und eines Arabers wird durch eine Metapher eingeleitet, die den weiteren Verlauf gewissermaßen vorwegnimmt: «... la chaleur était telle qu'il m'était pénible aussi de rester immobile sous la pluie aveuglante qui tombait du ciel» (S. 91) – „... die Hitze war so groß, dass es auch qualvoll war, unter dem blendenden Regen, der vom Himmel fiel, stillzustehen“ (S. 70). Die Wiederholung des Partizips «aveuglant» in «un halo aveuglant» (S. 92) – wörtlich „blind machender Hof“ (S. 71) – weist darauf hin, dass Meursault nicht mehr erkennt, was sich um ihn herum wirklich abspielt. Meursault ist zum Gefangenen der Sonne geworden. Er ist nicht mehr frei in seinen Entscheidungen, wie unter einem inneren Zwang muss er an die Stelle der Auseinandersetzung zurückkehren. Die Quelle, Ort der Frische und des Lebens, ist durch den Araber versperrt. Die Sonne erscheint als übermächtiger Gegner; das «épée de lumière» (S. 92) – „Lichtschwert“ (S. 71) – weist auf das Messer des Arabers am Ende der Szene hin. Die Sonne besiegt Meursault, sie triumphiert aber auch über das Meer, den Ursprung allen Lebens: «Sur le sable, la mer haletait de toute la respiration rapide et étouffée de ses petites vagues» (S. 91) – „Auf dem Sand hechelte das Meer mit den schnellen, erstickten Atemzügen seiner kleinen Wellen“ (S. 70). Das Bild lässt an das Verenden eines hilflosen Fisches denken. Das Metallische assoziiert totale Leblosigkeit:

> *Il y avait déjà deux heures que la journée n'avançait plus, deux heures qu'elle avait jeté l'ancre dans un océan de métal bouillant. (S. 93) – Schon seit zwei Stunden stand der Tag still, seit zwei Stunden war er in einem Ozean aus kochendem Metall vor Anker gegangen. (S. 72)*

In Verbindung mit dem parallelen Satzbau und der Anapher (Wiederholung eines Wortes oder von Wortgruppen am Anfang aufeinanderfolgender Sätze: «Il y avait déjà deux heures que …, deux heures que» – „Schon seit zwei Stunden stand …, schon seit zwei Stunden war …“) entsteht ein Bild totaler Regungslosigkeit. Es ist die Ruhe vor dem Sturm.

Die todbringende Kraft der Sonne nimmt zu. Meursault möchte der alles verbrennenden Kraft der Sonne entgehen. Sein letzter Versuch, sich durch eine Bewegung nach vorn zu befreien und dem Schicksal zu entrinnen, löst die Katastrophe aus. In einem Gefühl der Bedrohung zieht der Araber sein Messer. Die Ausdrücke, die Schmerz und Gewalt assoziieren, häufen sich. Das von der Messerklinge des Arabers reflektierte Sonnenlicht empfindet Meursault als die Waffe selbst, die ihn an der Stirn verletzt. Die Schmerzempfindung wird immer intensiver:

> *Je ne sentais plus que les cymbales du soleil sur mon front et, indistinctement, le glaive éclatant jailli du couteau toujours en face de moi. Cette épée brûlante rongeait mes cils et fouillait mes yeux douloureux. (S. 94/95) – Ich fühlte nur noch die Beckenschläge der Sonne auf meiner Stirn und, undeutlich, das aus dem Messer hervorgeschossene glänzende Schwert, das immer noch vor mir war. Diese glühende Klinge zerfraß meine Wimpern und wühlte in meinen schmerzenden Augen. (S. 73)*

Die Synästhesie, eine Vermischung verschiedener Sinneseindrücke, «cymbales du soleil» („Beckenschläge der Sonne“), die hier aus der Kombination eines optischen Sinneseindrucks (Sonne) mit einem akustischen (Beckenschläge) besteht, ist Ausdruck dafür, dass die Sonne seinen Kopf zum Dröhnen bringt. Die Verben «ronger» („zerfressen“) und «fouiller» („wühlen“) beschreiben die Wirkung von Folterinstrumenten. Das Meer wird zum grausamen Verbündeten der Sonne: «La mer a charrié un souffle épais et ardent.» (S. 95) – „Das Meer hat einen zähen, glühenden Brodem verbreitet.“ (S. 73)

Aus Meursaults Revolver, den er krampfhaft umklammert hält, löst sich der tödliche Schuss. Der Lärm erweckt Meursault aus seiner Starre und macht es ihm möglich, die Sonne abzuschütteln – der Leser bekommt den Eindruck, dass die kosmischen Mächte mit der Vernichtung des Menschen ihr Ziel erreicht haben: «J'ai compris que j'avais détruit l'équilibre du jour, le silence exceptionnel d'une plage où j'avais été heureux.» (S. 95) – „Mir wurde klar, dass ich das Gleichgewicht des Tages zerstört hatte, die außergewöhnliche Stille eines Strandes, an dem ich glücklich gewesen war." (S. 73/74) Er wird sich hier bewusst, dass der Tod auch Teil seines Lebens ist. Dieser Erkenntnis hatte er sich nach dem Tod der Mutter noch entzogen. Die Tatsache, dass er noch vier Schüsse auf den leblosen Körper abgibt, ist wie ein letzter verzweifelter Versuch, den Tod in seine Schranken zu weisen und ihn aus seinem Leben zu verbannen.

Meursault, der im gesamten Roman keinerlei Aggressivität zeigt, begeht die Tat nicht vorsätzlich, vielmehr lassen ihn schicksalhafte Umstände zum Mörder werden. Seine knappe Aufforderung an Raymond: «Prends-le d'homme à homme et donne-moi ton revolver.» (S. 90) – „Schlag dich mit ihm von Mann zu Mann und gib mir deinen Revolver." (S. 69) ist Beleg dafür, dass es ihm darum geht, eine Katastrophe zu verhindern. Meursaults viele Leser irritierender Satz: «J'ai pensé à ce moment qu'on pouvait tirer ou ne pas tirer.» (S. 91) – „Ich habe in dem Moment gedacht, man könnte schießen oder nicht schießen." (S. 70) ist kein Beleg dafür, dass Meursault vorsätzlich auf den Araber schießen würde, da sich Meursaults Taten fatalistisch aneinander reihen, ohne dass zwischen einzelnen Ereignissen ein Kausalzusammenhang zu erkennen ist. Der Besitz einer Waffe eröffnet die Möglichkeit ihrer Benutzung, doch diese Überlegung Meursaults kann nicht als Beweis dafür dienen, dass er den Araber kaltblütig niederschießt.

Meursaults Sinneseindrücke vor der Tat

le **soleil** écrasant se brisait en morceaux (S. 89)
die drückende **Sonne** zerbrach in Splitter (S. 68)

la **chaleur** s'appuyait sur moi … (S. 92)
die **Hitze** stemmte sich auf mich … (S. 70)

l'**océan** de métal bouillant (S. 93)
Ozean aus kochendem Metall (S. 72)

la **pluie** aveuglante tombait du ciel (S. 91)
blendender **Regen** fiel vom Himmel (S. 70)

l'épée de **lumière** (S. 92)
Lichtschwert (S. 71)

la source
die Quelle

la **lame** étincelante
m'atteignait
au front (S. 94)

die funkelnde **Klinge**
traf mich an der Stirn
(S. 73)

Sur le sable, la **mer** haletait
… (S. 91)
Auf dem Sand hechelte das
Meer … (S. 70)

Filmausschnitt *L'étranger* (1967): Meursault schießt auf den Araber

Während der Leser in den Kapiteln 1–5 nur schwer Zugang zu Meursaults Gefühlen hat, ihn praktisch nur von außen sieht und nur seine Handlungen und tatsächlich gesprochenen Worte beurteilen kann, ermöglicht ihm das 6. Kapitel einen wirklichen Einblick in seine Gefühlswelt. Er kann sich in ihn hineinversetzen, nimmt innerlich teil an Meursaults Kampf gegen die übermächtige Sonne, leidet mit ihm. Jede gefühlsmäßige Distanz zu Meursault verschwindet, wozu ganz entscheidend die Bildhaftigkeit seiner Sprache beiträgt, die den Leser in seinen Bann zieht. Der Leser fühlt, dass Meursault im moralischen Sinn im Grunde genommen am Tod des Arabers unschuldig ist. Er sieht den Ablauf des Geschehens von innen heraus, nimmt direkt Teil an Meursaults Empfindungen und fühlt sich genau wie Meursault von den kosmischen Mächten überwältigt. Aus dem „Fremden“ wird Meursault zu unserem Vertrauten.

Teil II, Kapitel 5 (frz. Text S. 175–186, dt. Text S. 135–143)

Beim Eintritt des Priesters vermutet Meursault, dass der Moment der Hinrichtung gekommen ist – sein Zittern verrät seine Angst: «... j'ai eu un petit tremblement.» (S. 175) – „... ein leichtes Zittern [hat mich] erfasst." (S. 135) Aber auch jetzt, wie schon im Gespräch mit dem Untersuchungsrichter, lehnt er es ab, im Glauben an ein Leben nach dem Tod Trost zu suchen, und somit die Angst vor dem Sterben zu überwinden. Sein Leben läuft im Diesseits ab und endet mit dem Tod; der Welt wohnt kein tieferer Sinn jenseits ihrer Erscheinungsformen inne. Für jeden endet sein Dasein mit dem Tod, jeder Mensch ist, ebenso wie der schuldig gewordene Meursault, zum Tod verurteilt. Er weiß um seinen Tod, setzt sich mit ihm auseinander und gewinnt dadurch die innere Überlegenheit, die ihn von der Furcht vor dem Sterben befreit. In diesem Sinn gehört er zu den Bevorzugten, den Privilegierten: «puisqu'un seul destin devait m'élire moi-même et avec moi des milliards de privilégiés ...» (S. 183/184) – „da eine einzige Bestimmung mich erwählen sollte, mich und mit mir Milliarden von Privilegierten ..."(S. 142). Das von ihm gelebte Leben: «cette vie absurde que j'avais menée» (S. 183) – „dieses [ganze] absurde Leben, das ich geführt [hatte]" (S. 141) erscheint ihm jetzt in seiner Einmaligkeit; irdisches Leben hat seinen ganz spezifischen eigenen Wert und ist nicht eine Art Vorstufe zu einem besseren Leben im Jenseits. Diese Gewissheit lässt ihn die Frage des Gefängnisgeistlichen nach seiner Hoffnung auf ein Leben nach dem Tod ohne Zögern verneinen:

> *N'avez-vous donc aucun espoir et vivez-vous avec la pensée que vous allez mourir tout entier? – «Oui», ai-je répondu. (S. 178) – Haben Sie denn keine Hoffnung, und leben Sie mit dem Gedanken, dass Sie ganz und gar sterben werden? – „Ja", habe ich geantwortet. (S. 137)*

Stilistisch zeigt sich diese Sicherheit in der mehrfachen Verwendung des Adjektivs «sûr» – „sicher“ und des «avoir raison» – „Recht haben“ (frz. Text S. 183, dt. Text S. 141), jeweils in ihren Steigerungsformen, die jeden Zweifel ausschließen. Der Geistliche, ebenso wie schon der Untersuchungsrichter, bieten Meursault die Möglichkeit der Reue als Zeichen seiner Bekehrung an. Beide Male lehnt Meursault es ab, seinen eigenen Standpunkt aufzugeben: «prêt à tout revivre» (S. 185) – „bereit, alles noch einmal zu leben“ (S. 143). Meursault ist nicht länger von Ängsten, von verzweifelten Hoffnungen heimgesucht, wie noch nach seiner Verurteilung, er beschäftigt sich nicht länger mit der Frage nach der Berechtigung des Urteils, er ist sich nunmehr seiner sicher, «sûr de [lui]» (S. 183) – „[seiner] sicher“ (S. 141). Alle Versuche des Priesters, sein Denken auf das Jenseits zu richten, ihm Hoffnung auf göttliche Gnade zu geben, lehnt Meursault scharf ab – es wäre ein Zeichen der Angst: «Je ne voulais pas perdre [de temps] avec Dieu.» (S. 182) – „Ich wollte [die Zeit] nicht mit Gott verlieren.“ (S. 140) Auf Gott zu vertrauen, sich ihm anzuvertrauen, würde bedeuten, dass sich der Mensch der Möglichkeit begibt, seinem Leben angesichts des Todes einen ihm spezifischen Sinn zu verleihen. Erst in der Auseinandersetzung mit dem Gefängnisgeistlichen wird Meursault er selbst. Er findet über den Akt der Revolte endgültig zur Erkenntnis in Bezug auf den wahren Wert seines Lebens, der allein im Diesseits begründet liegt. Die Aufgabe dieser Überzeugung wäre das, was Camus den «suicide philosophique», den „philosophischen Selbstmord“ nennt. Meursault weicht der erkannten Absurdität des Lebens nicht dadurch aus, dass er sein Schicksal in Gottes Hand legt.

Meursault ist vergleichbar mit Sisyphos, der im *Mythos von Sisyphos* das Urteil der Götter innerlich annimmt: Er musste einen Felsblock einen Berg hinaufwälzen, von dessen Gipfel der Stein immer wieder herunterrollte. Durch die innere Annahme dieser „Sisyphosarbeit“ erhebt sich Sisyphos über die Strafe der

Götter „Wir müssen uns Sisyphos als einen glücklichen Menschen vorstellen".[14]

Auch Meursault nimmt sein Schicksal an, so dass auch die hasserfüllten Schreie der Zuschauer am Tage seiner Hinrichtung ihn nur in seiner nunmehr gewonnen Sicherheit bestärken würden – er ist frei geworden zum Sterben, hat dem Menschen in einer Welt ohne Gott den Weg gewiesen, der ihn erlöst von der Angst des Todes.

In seinem Vorwort zur amerikanischen Ausgabe nennt Camus seinen Helden «le seul Christ que nous méritions» – „der einzige Christus, den wir verdienen": wie Christus steht auch Meursault in Opposition zur etablierten Gesellschaft, ist bereit, für seine Wahrheit zu sterben, trotz des Hohngeschreis und des Spotts der gaffenden Menge. In einer Welt ohne Gott kann aber der absurde Christus Meursault nicht wie Jesus die Sünden der Menschheit auf sich nehmen und Erlöser für uns alle sein.

Meursaults „ja" zum Leben findet noch einmal seinen überzeugenden Ausdruck in einer Hymne an die Natur, die den Roman beschließt:

> *… je me suis réveillé avec des étoiles sur le visage. Des bruits de campagne montaient jusqu'à moi. Des odeurs de nuit, de terre et de sel rafraîchissaient mes tempes. La merveilleuse paix de cet été endormi entrait en moi comme une marée. (S. 185) – … als ich wach wurde, schienen mir die Sterne ins Gesicht. Die Geräusche der Landschaft stiegen zu mir auf. Gerüche nach Nacht, Erde und Salz erfrischten meine Schläfen. Der wunderbare Frieden dieses schlafenden Sommers drang in mich ein wie eine Flut. (S. 143)*

Der Friede der Natur erfüllt ihn vollkommen, er macht ihn zu einem Teil derselben. Er spricht von der «tendre indifférence du monde» (S. 186) – der „zärtlichen Gleichgültigkeit der Welt" (S. 143) – die Natur nimmt, sie gibt, unberührt, unveränderlich, außerhalb der Erkenntnis des Menschen. Aber sie ist auch «tendre» – „zärtlich“, gibt dem Menschen Momente vollkommenen Glücks. Nach seiner Revolte gegen die Überzeugungen des Gefängnisgeistlichen hat Meursault nunmehr zu innerer Ruhe gefunden und hat jede Angst vor dem Tod besiegt.

Rezeptionsgeschichte

Meursaults Stellung außerhalb der Gesellschaft hat Vorbilder in der französischen Literatur des 18. Jahrhunderts. Die Art, wie er den Prozess schildert, wie er gleichsam als ironisch-distanziert kommentierender Betrachter den Ablauf der Ereignisse sieht und damit immanent Kritik an der Gesellschaft und einer ihrer tragenden Säulen, der Justiz, übt, erinnert an literarische Werke jener Epoche, z. B. an die *Lettres Persanes – Briefe aus Persien* (1721) Montesquieus, wo aus dem Blickwinkel fiktiver Besucher aus Persien Kritik an bestehenden französischen Institutionen geübt wird.

Die Aufnahme des Romans *Der Fremde* durch die Kritik war unterschiedlich. André Rousseau, einflussreicher Literaturkritiker der Tagezeitung *Le Figaro,* bescheinigt in der Wochenendausgabe vom 18./19. Juli 1942 dem Autor Camus sprachliches Talent, äußert sich jedoch sehr negativ zum Helden Meursault, weist auf dessen Passivität und Unmenschlichkeit hin. Sartres Kritik des Romans in den *Cahiers du Sud* vom Februar 1943 ist in der Stilanalyse der ersten fünf Kapitel des Romans bahnbrechend; in der Person Meursaults, betont Sartre, wird dem Leser die Absurdität menschlichen Lebens demonstriert.

1967 wurde der Roman in einer französisch-italienischen Gemeinschaftsproduktion von Luchino Visconti verfilmt, mit Marcello Mastroianni (Meursault) und Anna Karina (Marie) in den Hauptrollen.

Der Film fängt die Atmosphäre der algerischen Landschaft überzeugend ein, ebenso wie das Leben in der Hauptstadt Algier. Beklemmung ergreift den Zuschauer beim Anblick der alten Leute während der Totenwache im Altenheim – Mastroianni gelingt es, Meursaults ungläubigem Staunen angesichts dieser Menschen Ausdruck zu verleihen. Seine überzeugende schauspielerische Leistung und die Kameraführung machen die Wiedergabe der Mordszene zum Höhepunkt des Films: die gleißende Sonne, das wie erstarrt wirkende Meer, die abweisenden Felsen sind die Szenerie, in der sich Meursault taumelnd, wie von Sinnen, bewegt, keines klaren Gedankens mehr fähig.

Im 2. Teil des Films meistert Mastroianni die schwierige Aufgabe, die innere Entwicklung des Helden im Gefängnis zu zeigen – von dem in einer Ecke seiner Zelle kauernden, in eine graue Wolldecke gehüllten, verzweifelten Meursault zu einem Menschen, der am Schluss des Films zu sich selbst gefunden hat, dessen Gesicht Ruhe und Gefasstheit ausdrückt.

Anna Karina spielt die Marie als liebende, dem Leben zugewandte Frau, zeigt jedoch auch Nachdenklichkeit und Verzweiflung während der Szenen im Gerichtssaal.

Bei der breiten Leserschaft wurde der Roman erst nach der Veröffentlichung des großen Publikumserfolges *La Peste – Die Pest* 1947 bekannt. Bis 1992 hatte das Werk eine Auflagenhöhe von sechs Millionen Exemplaren erreicht, der jährliche Verkauf liegt derzeit bei etwa 200 000.

Nach einer jüngst durchgeführten Untersuchung der Zeitschrift *Französisch heute* ist *L'Etranger* die am häufigsten an Gymnasien gelesene französischsprachige Schullektüre.

Literaturhinweise

Verwendete Buchausgaben:

CAMUS, ALBERT: *L'Étranger.* Paris: Collection Folio 1942[1].
CAMUS, ALBERT: *Der Fremde.* Reinbek: Rowohlt 1994[4].

Im Folgenden finden Sie einige Literaturhinweise zu verschiedenen Aspekten des Romans:

FITCH, BRIAN T.: *L'Étranger d'Albert Camus. Un texte, ses lecteurs, leurs lectures.* Paris: Librairie Larousse 1972

Fitch nähert sich dem Roman von mehreren Seiten. Er weist u. a. auf autobiografische Züge in der Person des Meursault hin, geht auf das Bild der Araber im Roman ein, auf das Verhältnis zwischen Kolonialfranzosen und der einheimischen Bevölkerung. Aufschlussreich sind seine Ausführungen in Bezug auf die sich bei der Lektüre verändernde Einstellung des Lesers zu Meursault.

PIEPERS, ANNEMARIE: *Albert Camus.* München: Verlag Beck 1984

Das Werk geht im biografischen Teil ausführlich auf die Auseinandersetzung zwischen Sartre und Camus im Gefolge der Veröffentlichung des Werks *Der Mensch in der Revolte* ein. Im Hauptteil der Untersuchung arbeitet die Verfasserin die das gesamte Camus'sche Werk durchziehenden Grundthemen heraus: Camus' Auseinandersetzung mit dem Wesen des Absurden, seine Überzeugung, dass der Mensch nur als Liebender er selbst ist und seine Forderung nach menschlicher Solidarität.

STÄNDIG, BRIGITTE: *Albert Camus.* Reinbek: Rowohlt 2000[2]

Die Autorin stellt die Verbindung zwischen Camus' Kampf in der Résistance und dem Roman *La Peste – Die Pest* her. Einen guten Einblick in Camus' Persönlichkeit und seinen literarischen Schaffensprozess vermitteln ihre Ausführungen zu dem 1994 als Fragment erschienenen autobiografischen Roman *Le Premier Homme – Der erste Mensch.*

Anmerkungen

1 „Albert Camus: Die Pest." In: *Albert Camus: Das Frühwerk.* Düsseldorf: Karl Rauch Verlag 1967, S. 388

2 Albert Camus: *Carnets (janvier 1942 – mars 1951).* Paris: Gallimard 1964, S. 30

3 Marie selbst wirkt sympathisch, sie zeigt Gefühle, die der Leser bei Meursault vermisst. Als z. B. Raymond seine arabische Freundin brutal misshandelt, ist sie schockiert, und der Gedanke an das Erlebte lässt sie nicht los: «Marie et moi avons fini de préparer le déjeuner. Mais elle n'avait pas faim, j'ai presque tout mangé.» (S. 61) – „Marie und ich haben das Mittagessen fertig zubereitet. Aber sie hatte keinen Hunger, ich habe fast alles allein gegessen." (S. 46) Während ihres Besuchs im Gefängnis und während der Gerichtsverhandlung spürt man, dass sie an Meursault hängt, ihm Mut zusprechen möchte, mitleidet – ihr Gesicht drückt Hilflosigkeit und Verzweiflung aus: «Elle était immobile, le visage écrasé contre la grille, avec le même sourire écartelé et crispé.» (S. 119) – „Sie stand reglos da, das Gesicht ans Gitter gedrückt, mit demselben zerrissenen, verkrampften Lächeln." (S. 92)

4 Albert Camus: *Le Mythe de Sisyphe,* Paris, Collection Folio, 1942, S. 31

5 „Albert Camus. Der Mythos von Sisyphos." In: *Albert Camus: Das Frühwerk,* a. a. O., S. 408

6 Vgl. dazu Camus' Drama *Le Malentendu.* Gallimard, Paris 1938. *Das Missverständnis.* In: Albert Camus: Dramen. Rowohlt Hamburg, 1962, S. 75–115

7 Bibliothèque de la Pléiade, I, S. 1920, 1962

8 Albert Camus: *Le Mythe de Sisyphe,* a. a. O., S. 75

9 „Albert Camus: Der Mythos von Sisypos". In: *Albert Camus: Das Frühwerk,* a. a. O., S. 444

10 Albert Camus: *Le Mythe de Sisyphe,* a. a. O., S. 39

11 „Albert Camus: Der Mythos von Sisyphos." In: *Albert Camus: Das Frühwerk*, a. a. O., S. 414

12 Albert Camus: *Le Mythe de Sisyphe,* a. a. O., S. 76

13 „Albert Camus: Der Mythos von Sisyphos." In: *Albert Camus: Das Frühwerk*, a. a. O., S. 443 f.

14 „Albert Camus: Der Mythos von Sisypos." In: *Albert Camus: Das Frühwerk,* a. a. O., S. 519

Ihre Meinung ist uns wichtig!

Ihre Anregungen sind uns immer willkommen. Bitte informieren Sie uns mit diesem Schein über Ihre Verbesserungsvorschläge!

Titel-Nr.	Seite	Vorschlag

Bitte hier abtrennen

Die echten Hilfen zum Lernen ... **STARK**

Bitte hier abtrennen

Zutreffendes bitte ankreuzen! Die Absenderin/der Absender ist:

- ☐ Lehrer/in in den Klassenstufen: ______
- ☐ Fachbetreuer/in
  Fächer: ______
- ☐ Seminarlehrer/in
  Fächer: ______
- ☐ Regierungsfachberater/in
  Fächer: ______
- ☐ Oberstufenbetreuer/in
- ☐ Schulleiter/in
- ☐ Referendar/in, Termin 2. Staatsexamen: ______
- ☐ Leiter/in Lehrerbibliothek
- ☐ Leiter/in Schülerbibliothek
- ☐ Sekretariat
- ☐ Eltern
- ☐ Schüler/in, Klasse: ______
- ☐ Sonstiges: ______

STARK Verlag
Postfach 1852
85318 Freising

18-V1P

Bitte ausfüllen und im frankierten Umschlag an uns einsenden. Für Fensterkuverts geeignet.

Kennen Sie Ihre Kundennummer? Bitte hier eintragen. ☐☐☐☐☐☐☐

Absender (Bitte in Druckbuchstaben!)

Name/Vorname ______

Straße/Nr. ______

PLZ/Ort ______

Telefon privat ______ Geburtsjahr ______

E-Mail ______

Schule/Schulstempel (Bitte immer angeben!)

Unterrichtsfächer: (Bei Lehrkräften!)

STARK Interpretationshilfen und Trainingsbände für die Oberstufe

Deutsch Interpretationen

Aehnlich:
Alle sterben, auch die Löffelstöre ...... Best.-Nr. 2400621
Brecht: *Der aufhaltsame Aufstieg des Arturo Ui* ...... Best.-Nr. 2400281
Brecht: *Der kaukasische Kreidekreis* .. Best.-Nr. 2400171
Brecht: *Leben des Galilei* ...... Best.-Nr. 2400011
Brecht:
Mutter Courage und ihre Kinder ...... Best.-Nr. 2400521
Brussig:
Am kürzeren Ende der Sonnenallee .. Best.-Nr. 2400201
Büchner: *Dantons Tod* ...... Best.-Nr. 2400121
Büchner: *Der Hessische Landbote* ...... Best.-Nr. 2400461
Büchner: *Lenz* ...... Best.-Nr. 2400431
Büchner: *Leonce und Lena* ...... Best.-Nr. 2400261
Büchner: *Woyzeck* ...... Best.-Nr. 2400041
Dürrenmatt:
Der Besuch der alten Dame ...... Best.-Nr. 2400341
Dürrenmatt: *Der Verdacht* ...... Best.-Nr. 2400571
Eichendorff:
Aus dem Leben eines Taugenichts ...... Best.-Nr. 2400071
Eichendorff: *Das Marmorbild* ...... Best.-Nr. 2400081
Fontane: *Effi Briest* ...... Best.-Nr. 2400371
Fontane: *Irrungen, Wirrungen* ...... Best.-Nr. 2400401
Fontane: *Frau Jenny Treibel* ...... Best.-Nr. 2400611
Frisch:
Biedermann und die Brandstifter ...... Best.-Nr. 2400531
Frisch: *Homo faber* ...... Best.-Nr. 2400031
Goethe: *Faust I* ...... Best.-Nr. 2400511
Goethe: *Gedichte (1771–1783)* ...... Best.-Nr. 2400181
Goethe:
Die Leiden des jungen Werther ...... Best.-Nr. 2400051
Hauptmann: *Die Ratten* ...... Best.-Nr. 2400411
Hein:
Der fremde Freund/Drachenblut ...... Best.-Nr. 2400061
E.T.A. Hoffmann: *Der Sandmann* ...... Best.-Nr. 2400351
Horváth:
Geschichten aus dem Wiener Wald .... Best.-Nr. 2400581
Kafka: *Der Proceß* ...... Best.-Nr. 2400481
Kafka: *Die Verwandlung/Das Urteil* .. Best.-Nr. 2400141
Keller:
Romeo und Julia auf dem Dorfe ...... Best.-Nr. 2400321
Kerner: *Blueprint. Blaupause* ...... Best.-Nr. 2400391
Kleist: *Der zerbrochne Krug* ...... Best.-Nr. 2400541
Kleist: *Michael Kohlhaas* ...... Best.-Nr. 2400111
Lessing: *Emilia Galotti* ...... Best.-Nr. 2400191
Lessing: *Nathan der Weise* ...... Best.-Nr. 2400501
Th. Mann: *Der Tod in Venedig* ...... Best.-Nr. 2400291
Th. Mann: *Tonio Kröger/ Mario und der Zauberer* ...... Best.-Nr. 2400151
Musil: *Die Verwirrungen der Zöglings Törleß* ...... Best.-Nr. 2400561
Nooteboom: *Die folgende Geschichte* Best.-Nr. 2400251
Schiller: *Don Carlos* ...... Best.-Nr. 2400161

Schiller: *Kabale und Liebe* ...... Best.-Nr. 2400231
Schiller: *Die Räuber* ...... Best.-Nr. 2400421
Schiller: *Maria Stuart* ...... Best.-Nr. 2400271
Schlink: *Der Vorleser* ...... Best.-Nr. 2400101
Schneider: *Schlafes Bruder* ...... Best.-Nr. 2400021
Schnitzler: *Traumnovelle* ...... Best.-Nr. 2400311
Sophokles: *Antigone* ...... Best.-Nr. 2400221
Storm: *Der Schimmelreiter* ...... Best.-Nr. 2400381
Süskind: *Das Parfum* ...... Best.-Nr. 2400091
Timm:
Die Entdeckung der Currywurst ...... Best.-Nr. 2400301
Vanderbeke: *Das Muschelessen* ...... Best.-Nr. 2400331
Wolf: *Kassandra* ...... Best.-Nr. 2400601
Wolf: *Medea. Stimmen* ...... Best.-Nr. 2400551
Wedekind: *Frühlings Erwachen* ...... Best.-Nr. 2400491
Zweig: *Schachnovelle* ...... Best.-Nr. 2400441

Deutsch Training

Training Methoden Deutsch ...... Best.-Nr. 944062
Dramen analysieren u. interpretieren Best.-Nr. 944092
Erörtern und Sachtexte analysieren .. Best.-Nr. 944094
Gedichte analysieren und interpretieren ...... Best.-Nr. 944091
Epische Texte analysieren und interpretieren ...... Best.-Nr. 944093
Übertritt in die Oberstufe ...... Best.-Nr. 90409
Abitur-Wissen Erörtern und Sachtexte analysieren .. Best.-Nr. 944064
Abitur-Wissen Textinterpretation ...... Best.-Nr. 944061
Abitur-Wissen Deutsche Literaturgeschichte ...... Best.-Nr. 94405
Abitur-Wissen Prüfungswissen Oberstufe ...... Best.-Nr. 94400
Kompakt-Wissen Rechtschreibung ...... Best.-Nr. 944065
Lexikon Autoren und Werke ...... Best.-Nr. 944081

(Bitte blättern Sie um)